U0826233

"爱的智慧"
幸福家庭教育读本

听，花开的声音

初中1

主编　翟召博　钱依宁

海峡出版发行集团 THE STRAITS PUBLISHING & DISTRIBUTING GROUP | 海峡文艺出版社 Haixia Literature & Art Publishing House

图书在版编目(CIP)数据

听,花开的声音/翟召博,钱依宁主编. 一福州:海峡文艺出版社,2012.9
("爱的智慧"幸福家庭教育读本)
ISBN 978-7-80719-867-3

Ⅰ.①听… Ⅱ.①翟…②钱… Ⅲ.①初中生一家庭教育 Ⅳ.①G78

中国版本图书馆 CIP 数据核字(2012)第 214692 号

"爱的智慧"幸福家庭教育读本

听,花开的声音

主　　编	翟召博　钱依宁
责任编辑	任心宇
出版发行	海峡出版发行集团 海峡文艺出版社
经　　销	福建新华发行(集团)有限责任公司
社　　址	福州市东水路 76 号 14 层　　邮编　350001
网　　址	www.hx-read.com
发 行 部	0591—87536797
印　　刷	福建省金盾彩色印刷有限公司　邮编　350012
开　　本	787 毫米×1092 毫米　1/16
字　　数	170 千字
印　　张	13
版　　次	2012 年 9 月第 1 版
印　　次	2012 年 9 月第 1 次印刷

ISBN 978-7-80719-867-3

定　　价　30.00 元

序　言

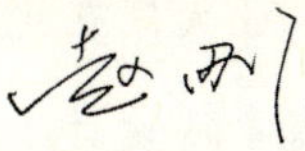

这是一套帮助家长提升爱的能力与智慧的丛书，献给所有既爱孩子又希望孩子从幸福成长进而成才又走向成功的父母。

爱孩子是所有父母的本能。但今天家庭进入独生子女和少子化时代，许多父母太爱孩子，又太不会爱孩子。他们不懂得，过于溺爱或包办让孩子难以成为一个自立、自强的独立人。最终，“爱”子实则“害”子。成熟的父母之爱，一定要经过学习培育才能发展起来。

随着社会的开放，传统家庭教育的威权观念已逐渐淡化。成功的家庭教育，不是自上而下的单方面说教，而是需要两代人共同学习与提高。未来的孩子是今天父母的翻版，一味地倡导“如何教育孩子”，会让家长认识不到自己还须承担“优化言教与身教”的责任。忽视家长表率作用的家庭教育注定问题丛生。着力于促进家长的自我觉察和主动成长，在实现自身成长的基础上帮助孩子，以求实现亲子共同成长，这是本套丛书编写者的立意与匠心所在。

与其他家庭教育书籍相比，本丛书有着鲜明的特色：以发展心理学理论为脉络，涵盖了3至18岁少年儿童的家庭教育特点，从幼儿园到高中基本上做到了每个年级一册，既体现了不同年级孩子的生理和心理特点，又考虑到了孩子成长的连续性，做到了教育内容阶段性和连续性的统一，相信家长们可以从中获得很多有益的启示。

不少父母在培养教育孩子时，往往没有按照孩子心理与行为发展的规律循序渐进，而是急切地想按照社会的某个成功典型去塑造一个孩子，这种削足适履的方法往往事与愿违，甚至贻误孩子。本书的又一特色是：汲取日常生活中家庭常见场景，设计同样的事件，不同的父母有着不同的处理方法，进而导致不同的结果，让大家在比较思考中，找到一种更适合孩子健康成长的教育模式。每个篇章还设计了丰富的亲子活动，推荐了适合父母拓展阅读的家庭教育著作。每册书的内容均分为“亲子篇”（亲子关系调适）、“亲职篇”（父母自身成长）和“书香家庭”（推荐亲子共读的经典名著）三部分。书中没有居高临下的说教，而是通过对案例的多角度分析，让父母在多元互动中，掌握亲子沟通的方法与技巧，感悟家庭教育新理念。

国内知名家庭教育专家和一线优秀教师联袂编写此书，贴切地解答了家庭教育中普遍存在的突出问题，不仅形式有所创新，内容与时俱进，而且有较强的可读性，具有普遍的推广和指导价值。

这套丛书既是广大父母的必读书，增进其自我成长和提高亲子教育的能力，促进亲子和谐与家庭幸福；也是各级各类家长学校组织教学的系统教材，以实现家长学校课程的科学化和规范化。

以此为序，并祝阅读此书的广大家长与孩子创设爱满全家的氛围，运用智慧的成长艺术，创建美满的家庭生活。

2012年9月

（本文作者赵刚，系中国教育学会家庭教育专业委员会秘书长、国家基础教育实验中心社区与家庭教育研究所所长、东北师范大学家庭教育学教授）

目录
CONTENTS

1 听，花开的声音
——给初一年级学生家长的一封信

亲子篇

9 我准备好了吗
21 学习成绩下降不是我的错
33 我的同桌是男生
44 我选择，我喜欢
56 谁动了我的奶酪
67 我想成为谁
78 妈妈的“唠叨”
88 最后一个“六一”节

目录

亲职篇

101 让我欢喜让我忧
112 多倾听孩子的心声
123 让我们一起上网
135 你的零花钱呢
146 为你喝彩
157 今天是“世界读书日”
168 爸爸没有小汽车
179 周末我们去郊游

书香家庭

191 一次最有创意的知识冒险
——《天使雕像》简介
194 瞧这一家子
——《西游记》的另一种读法

听，花开的声音

——给初一年级学生家长的一封信

“爸爸、妈妈，请多给我一点自由的空间吧，我已经长大了。”

“爸爸、妈妈，我不想补习。”

“妈妈，您别再说了，我会认真学习的。”

……

这些，是我们对某市四所中学的初一年级学生进行问卷调查，在回答“进入初一年级，最想对爸爸妈妈说的话是什么”这一问题时，孩子们发出的心声。尊敬的家长，您平时是否也经常听到这些话？听到孩子们的反应，您的感受是什么？

再请您看看以下一组镜头。

镜头1：“老公，最近孩子成绩一直在下降，连原来最拿手的数学也才考了80多分。我问他，他老是不理我；一说话，就跟我顶嘴，脾气变得暴躁了。”一看到孩子的爸爸回来，妈妈就迫不及待地数落起孩子的种种“不是”。

镜头2：“孩子进入初一后，经常躲在自己的房间里照镜子，头发长了也不去剪，还总是说不喜欢我买给她的衣服。这孩子，咋变成这样呢？”

镜头3：“我今天听老师说，儿子在领唱时，擅自篡改了歌词，引起全班同学哄堂大笑，他还很得意呢。老师很生气，已经打电话来‘告状’了，让我们要好好教育他。”

自从孩子进入初一年级以后，如何教育好自己的孩子成了令很多家长头疼的事。此时的家长会发现自己的孩子突然变得陌生了，不再是原来读小学时乖巧听话的小可爱了，他们变得很有想法，有话也不大和我们说了，有时还故意与家长顶嘴，而且我们似乎再也无法与他们心平气和地沟通了。尊敬的家长，您是否也遇到类似的困惑呢？我们知道，孩子进入初中后，身体发育进入第二次高峰阶段，身体上蓬勃成长、急遽变化；心理发育更是到了一个关键的时期，从儿童期开始走向成人。那么初一年级正是这个发展阶段的起始，也是决定孩子未来发展的关键时期。这时，您的教育将对孩子的未来起到十分重要的作用。您会发现：原来在小学阶段对孩子的那一套教育方法也不管用了。在这里，我们建议：跟上孩子成长的步伐，和他们一起成长吧！

初一年级是从小学到中学的过渡期，面对突然变得紧张的生活和学习，相当一部分孩子没有充分的心理准备。面对突如其来的困难和挫折，有的孩子缺乏精神动力，甚至失去信心，产生了自我怀疑的消极情绪，变得心情抑郁。尊敬的家长，不知您有没有发现他们这些变化？这时您就要做一个细心的家长，善于发现，学会倾听，及时地与孩子做好沟通，帮助您的孩子尽快适应初一年级的学习生活。在《我准备好了吗》一文中，我们将与您一起探讨如何更好地帮助孩子去适应初一年级的生活。

学习是人生的一个重要组成部分，更是学生时代的主旋律。进入初中后，孩子学习的课程门类逐渐增多，学习的内容发生了明显的变化，原来小学曾经学过的语文、数学和英语，由直观的、感性的、零碎的知识点变成了更为完整的、系统的知识体系，并更加突出能力要求；同时新增加了历史、地理、生物等课程。老师的教学也越来越注重学生思维方法、思维能力的培养以及运用知识的能力。不少曾经在小学阶段是尖子生的同学，进入初一年级后，很难再继续保持领先的地位，学习成绩的波动成为很多学生的烦恼，更是很多家长感到心急却又无可奈何的事。您是否也为此而焦虑过？当您看到跌破您期望值的成绩单时，是不问缘由地一顿训斥，还是叫孩子延长读书时间、找家教补缺补漏，抑或是耐心地询问孩子，听听他的看法，和他一起分析成绩下降的原因，帮助他重新找回学习的自信心呢？尊敬的家长，您认为采用哪一种方法更有利于提高孩子的学习成绩呢？我们在《学习成绩下降不是我的错》一文中，将和您共同探讨孩子成绩下降的原因，分析应该采取什么方法才能使您的孩子更快地适应初一年级的学习，做学习的主人。同时，我们建议在孩子成长的过程中，能够多给孩子鼓励和表扬。《为你喝彩》一文中，我们将和您一起分享孩子的成功与付出。

“妈妈，别偷看我的日记!”当孩子泪流满面地站在您面前，委屈地对您这样说时，您会有一种什么样的感受？“我为什么不能看？我是你的父母，我当然有权力知道你的一切。”您理直气壮地争辩着。“那是我的隐私，你无权偷看!”孩子的哭声随着“砰”一声的摔门声而消失，留下您一个人静静地站在原地——您是否碰到过这样尴尬的局面？初一年级孩子的身体进入了青春发育期，心理上也开始步入了“心理断乳期”，他们的情感开始萌动，个性初步稳定，他们渴望获得尊重和独立，渴望获得平等的人格尊严和体验自由行动的快乐。于是，他们有了不愿与家长交流的小秘密，有了独立处理问题的行为。作为家长，您是怎么做的？有没有不经过孩子的同意就私自“偷看”孩子的私人物品呢？“谁动了我的‘奶酪’?”这是孩子无法理解父母的做法时发出的呐喊。如果您是他们的父亲或母亲，您觉得应该怎么做呢？

家长是孩子人生历程的引路人，让孩子健康成长是每个家长最重要的职责，孩子取得的荣誉更是家长的骄傲。于是，孩子在您的小心呵护和无微不至的照顾下，开始进入人生的一个新阶段，您体会到这时候孩子带给您新的快乐：孩子懂事了，会主动帮妈妈做家务活，学会关心爸爸妈妈的身体健康，有时还会给爸爸捶捶背……但同时孩子开始也出现了“叛逆”倾向，喜欢和有共同兴趣爱好的同伴玩在一起，而不再是一直黏着你的小“跟屁虫”了，自己的心事也不会主动向您汇报了；有时，还会觉得妈妈是不是老了，怎么那么啰唆，妈妈已经“out”了（请参见《妈妈的“唠叨”》一文）……是啊，孩子上了初一以后的变化真是让父母喜忧参半（请参见《让我欢喜让我忧》一文），您是否有这样的感觉？何不利用一个合适的时机与孩子一起分享成长的快乐、倾听他们心中的烦恼？我们建议您可以和孩子一起来过一个不一般的“六一”节（请参见《最后一个 “六一”节》一文），您来做一个忠实的听众，听听孩子们在说什么。

古人云：子不教，父之过。孩子教育不好，父母有很大的责任。家长是孩子的第一任老师，父母的言传身教对孩子来说是一种最有效的教育。比如，您要求孩子不能上网，以免影响学习，那么您又是如何对待网络的呢？再比如，您平时要求孩子要认真读书，那么，您也喜欢阅读吗？在这里，我们一起来欣赏一些关于读书的名言：“读书就应像饥饿的人扑在面包上一样。”“年轻时读书就像迎着朝阳走路，最淡的墨水也胜过最强的记忆。”“如果知识不是每天在增加，就会不断地减少。”“书都读得来的人，还怕有什么做不来的。”读书是人生中一件很快乐的事情。要做一个好家长，身教重于言教，您的榜样示范作用是无形的，同时也是无穷的。父母教养孩子的过程，其实本身就是和孩子共同学习、相互督促、一起成长的过程。《今天是 “世界读书日”》一文，建议您放下手头的事情，和您的孩子一起来分享阅读的快乐。我们还可以来读读美国作家 E.L.柯尼斯伯格写的《天使雕像》，体验一次最有创意的知识冒险；重新解读中国经典的《西游记》，体察家庭人际关系的种种面相。我们觉得，双手捧书，或是默读，或是朗诵，都是多么一道美丽的风景！

初一年级孩子对事物的兴趣更加明显、集中，可是当他们的兴趣和爱好与学习出现矛盾时，有些家长便会加以干涉。尊敬的家长，您是否遇到这样的事情？爱因斯坦说："兴趣是最好的老师。"对于这句再熟悉不过的话，您肯定明白其中的意义。那么，您是否应该多给孩子一些自由宽松的空间，让他们去选择自己感兴趣的、喜欢的事？在《我选择，我喜欢》一文中，我们和您一起共同探讨如何正确尊重孩子的兴趣发展，提高他们的学习兴趣。

"妈妈，我周末能不能去玩？"当孩子向您提出这样的请求时，您的回答是什么呢？进入初一年级后，繁重的学习任务占用了孩子的大部分课余时间，更何况周末还有数不清的补习班、兴趣班、特长班……"玩"成了孩子们的奢望。劳逸结合，才能更好地提高学习效率，这就需要家长敢于取舍，顺应孩子的天性。在《周末我们去郊游》里，我们建议家长朋友们：周末带着您的孩子，全家人一起到野外去感受美丽的自然风光，让孩子放松身心，同时这也是您和孩子一次很好的亲子沟通的机会。

孩子是家长明天的希望，也是国家的希望与未来。您一生大部分的精力和心思都放在孩子的身上，您希望孩子能成长、成才。而当今世界是信息化的社会，孩子接受各种信息的渠道增多，他们见识广，思维活跃，初一年级的孩子正像要开放的花朵一样，他们想要一个自由发展的空间，但是这时您的过度呵护会给孩子带来不同程度的伤害。伟大的教育家陶行知有一句至理名言：千教万教，教人求真；千学万学，学做真人。这里的"真人"指的应该是个性独立、有责任感与社会担当意识的人。所以期望孩子成才，首先要让他们"成人"，成为这样的真人。缺失了基本的成人意识的孩子，就很难具备强烈的学习激情和旺盛的成才欲望，也就很难成为有用之才。陶行知先生在《创造的儿童教育》中所说的"六大解放"，就是要告诉我们家长：让孩子学会去思考，学会动手去做，学会自由提问和辩论，学会去观察，把孩子从过多的考试、沉重的课业重负下解放出来，使他们有一定时间、空间，去学习自己渴望学习的知识。

所以，家长朋友们，让我们如同欣赏花开时的美丽一样，一起来耐心地倾听孩子们的心声，给孩子自由的成长空间，让孩子的心灵和梦想自由地翱翔吧！

亲子篇

军训很严格，教官要求每个动作都要做得很规范，哪个同学如果稍微不小心就被叫出来做匍匐前进的动作，衣服弄脏不说，手心和膝盖爬得生疼，好可怕啊！
这有什么，在部队里军训更加规范，军人训练要比这个更苦。

我准备好了吗

【长镜头】

初中是人生的黄金时光，对一个人的学习、交友、个性形成起基础性的影响。孩子从小学升上初中，家长都特别重视，但仍有些孩子不能顺利地适应初中生活。首先是入学后的军训和行为规范教育，孩子带着既兴奋又紧张的心情度过这第一周；接着是紧张的学习生活，从周一到周五，每天神经绷得紧紧的：闹钟 6:30 准时响铃就赶快起床洗漱吃饭，7:25 准时坐到座位，紧接着是早读和各科老师快节奏地授课，听得昏昏沉沉，感觉像在听天书，有时甚至分不清是在走神还是在听课。中午回来吃了饭，连个囫囵觉都睡不安稳，又到了 2:00 上学的时间。下午放学如果打打篮球，晚上的作业不到十一二点是绝对不能完成。很快是各科的阶段性考试，比如数学基本上是一周一小测，每次考卷发下来才知道强手如林，“鸭梨山大”啊；此外在班级里，有的同学读书也好，人缘也很好，而有的半个学期了，还找不到知心朋友。这时孩子的学习状态和行为问题就成为影响父母情绪的重要因素。

【家庭万花筒】

镜头一

点点已经小学毕业了，带着小学的美好回忆和对中学生活的多彩憧憬步入了初中的大门。点点幻想着初中轻松愉快的学习生活，期待着初中和蔼亲切的老师同学。

第一周的军训，点点带着好奇的心情踏入学校，新校园、新同学、新老师，还有军训的官兵……一切都显得新鲜而有点紧张。

放学回来，点点在吃饭时跟妈妈说："军训很严格，教官要求每个动作都要做得很规范，哪个同学如果稍微不小心就被叫出来做匍匐前进的动作，衣服弄脏不说，手心和膝盖爬得生疼，好可怕啊！"

点点妈觉得平时太娇惯点点了，现在让他吃点苦是应该的，于是就轻描淡写地说："这有什么，在部队里军训更加规范，军人训练要比这个更苦。"

点点看到平时对自己关爱有加的妈妈突然变成这个态度，心里恨恨地说："你说得倒容易，让你去爬一下试试！"

点点是家里的独生子，从小娇生惯养，上小学前点点妈对他千般娇宠万般疼爱。点点妈做事干练，里里外外都是她一个人打理，点点爸对家事、对孩子的教育较少插手。

点点小的时候，动作协调性不太好，比如吃饭、洗澡等都很慢，点点妈经常等不及，于是总是帮他喂饭、洗澡等。上小学后点点由于自理能力差，加上做事不专心，就表现出与同龄孩子之间的差距。比如，每次写作业前的文具准备就要磨蹭很久，经常边做作业边吃东西，做完作业也不检查，妈妈有时帮他检查出错题叫他修改，他也很不耐烦。别人晚上8:30左右能做完作业，但他至少要到10:00甚至10:30才能完成。到小学高年级，稍难点的题目他也懒得动脑筋，直接问妈妈或干脆不做了。

由于学习成绩差、自理能力弱，点点有些自卑，总想逃避，甚至一度迷恋上了网络游戏。妈妈担心他进入初中学习不适应，想叫他小学毕业的暑假参加补习，他怎么说也不肯。

点点妈期盼着随着点点年龄增长，进入初中后就会变得自觉、懂事，主动改变这些不良习惯。于是就发生了开头军训后的那一幕情景。

现在点点逐步进入紧张的初中学习生活，点点妈越来越感觉孩子不仅没有长大，自己也比他上小学的时候更辛苦了。

比如：开学初期，点点还是保留着小学的习惯。每天放学回家放下书包，打开电视机，锁定动画频道，看得津津有味，任凭点点妈怎么叫去做作业都不听，做好饭叫他吃饭也要磨蹭很久。晚上做作业还是慢吞吞的，上厕所、看电视……做作业很不专心。现在初中的作业量又多，因此晚上常常做到十一二点，更不用提什么检查、预习了。第二天6:30就得起床，每天睡不到7个小时。为了让他多睡几分钟，点点妈每天早上起来，除了把吃的准备好外，连鞋袜、衣服都要准备好，有时还要帮他穿上。

保姆式的教养方式从小学至今仍在延续着，眼看初中更繁重的学习压力和激烈的竞争，妈妈更不忍心放手，但是她也在发愁：这么下去，孩子什么时候才能彻底“断乳”呢？

点点入学后，开始还兴致勃勃，但好景不长。开学才几天，点点就向点点妈念叨着：“老师上课进度很快，我得一边听一边做笔记，有时记了就不知在说什么了，有时听了又忘了记笔记，哎，真不知如何是好？”有时回来会说：“班里有的同学很好相处，有的却很骄傲，也不考虑别人的感受，自以为是。”妈妈知道点点有些不太适应新的初中生活了。

这一天，点点回来就生闷气，踢门摔东西，嘴里还说："我们班强手如林啊……"点点妈知道单元考试结果出来了。原来基础差、学习习惯不良的点点开始显现出与同学的差距，觉得不适应初中学习生活。

可是，点点妈急在心里，却无能为力，只盼望着点点能够长大起来，自己学会处理这些事情。

镜头二

朵朵读小学的时候成绩属于中上水平，父母在朵朵即将小学毕业时与她商量是否去读私立学校，因为自己居住小区划片的公办初中校生源不太好，学习氛围也一般。虽然朵朵对自己能否适应私立学校的寄宿生活心中没底，但最后还是被一所全封闭的私立学校录取了，这个学校要求学生必须寄宿，一个月才能回家一次。开学了，朵朵带着好奇和忐忑的心情来到学校。

刚开学时朵朵还有几分新鲜感，但很快就被紧张的作息时间和复杂的同学关系搞得晕头转向。每天6:10起床。洗漱时人多，卫生间拥挤，时间紧迫，心里就开始烦躁。洗漱后赶到食堂吃早饭，面前已排起长龙。买到饭菜时已经快到早读时间，胡乱吃一下就得赶去教室。上课时老师讲的速度快，有时真有些不知所云。中午去食堂吃饭，还是人多，排队买到饭菜，也快到午休时间了。中午，和这同学说说话，与那同学一起去洗洗衣服，再接个电话，还没来得及午休就又到下午上课时间了。又是紧张而疲惫地听课，也不知效果怎样。好容易盼到下午放学，吃饭、提水、洗澡、洗衣服都得赶。晚上6:50～7:30还得到教室练习英语听力、晚自修。一个月下来感觉每天就像上紧了发条，上课、吃饭、洗漱……都得连赶带跑，否则就要花更多时间。

学习科目多，老师讲课速度也快，听课笔记顾此失彼，作业量又多，同学之间竞争激烈，朵朵感到压力真的挺大的。

宿舍里的同学来自各个地方，有着不同的生活习惯。有的不尊重别人，不考虑别人的感受，朵朵有时真有度日如年的感觉。

每天打电话回家，朵朵就向父母哭诉这些问题和矛盾，要求父母帮她转学，她不想住校了。但是父母总是说过段时间就会慢慢适应。可是，这样的日子已经过了一个多月，朵朵仍然觉得非常不适应，并且感觉身心疲惫。国庆放假回家后，她强烈要求父母给自己转学。

镜头三

豆豆妈从小注意对豆豆学习习惯的培养，豆豆读小学时候就很独立，学习成绩也不错，小学毕业前他又参加小升初的数学和英语衔接班。因此他参加了几所私立学校的择校考试都被录取了，但豆豆还是希望能和大多数小学同学一起升入附近的公立初中，于是和父母商量后决定在就近的中学上学。

开学后，各科老师先介绍学习方法，豆豆很快领会了一致的要求：课前做好预习、课中注意听讲、课后及时复习。他基本上已经掌握并熟记在心，认真做好各个环节，所以较好地适应了初中学习。课堂上，豆豆专心听讲，踊跃回答老师的问题，每次考试数学基本是第一名，其他各科也名列前茅，期中、期末考试都是年段前5名。

豆豆平时乐观开朗，爱打篮球，在新的班集体中能主动跟同学打招呼，关心并带动同学参加各项活动，赢得多数同学的喜欢。比如，开学不久，同学之间还生疏，有次课间几个同学在玩“三国杀”纸牌游戏，点点很感兴趣但又有些腼腆，不敢靠近，豆豆热情地凑过来问：“点点，你怎么一个人站在这里？来，咱们一起过去玩。”点点很感动，以后一直把他当做最好的朋友。

豆豆妈每天上班到很迟才回家，不管是中午12点半还是晚上6点半，豆豆都已经坐在书桌旁写作业了。豆豆妈回家总是听到豆豆说："班上老师同学对我都很好。"期中考试，语文卷的作文要求描写班上某个同学的肖像，全班有一半以上的同学竟不约而同地选择描写豆豆，豆豆青春、阳光和健康的少年男生形象，人人喜欢。

本来就很乐观、开朗的豆豆在班级里人缘很好，对初中学习感觉既轻松又愉快，较好地适应了初中生活。

【心理对对碰】

小学升入初中，是孩子人生发展过程中的一大转折。他们既要适应新的学习生活环境，又要处理好与新的老师和同学的关系，也要面对青春期生理与心理的变化。孩子、家长对此准备得怎样，将对如何顺利过渡到初中生活产生重要的影响。

点点妈对孩子的教育是保姆式的，在小学没有培养点点养成良好的学习习惯和生活习惯，在小学高年级也没有对点点的学习方式进行调整，只是想当然地认为孩子到了初中，随着年龄增长和新的学习环境变化，就自然会自主、独立承担学习任务，养成良好的学习习惯。殊不知新的校园、老师、同学和激烈竞争，使点点在准备不足的情况下，适应起来有相当大的难度。保姆式的教育方式形成他无能、自卑的心理，面对这么大的学习压力，他只能通过拖延、抱怨来逃避。自卑而不善沟通的点点也不敢主动与新同学交往，没有朋友的他更容易陷入孤独、敏感、寂寞的境地。学习的无趣和友谊的缺失很容易让他产生厌学情绪。

朵朵及其家人在没有充分考虑寄宿生活的种种特点的情况下选择私立学校，故此朵朵面对紧张的作息制度只疲于应付，不能采取有效对策，学习效率低，学习压力大。住在集体宿舍里，面对来自各个不同家庭、有不同生活习惯的同学，觉得这也看不惯，那也不舒服，最后只能要求父母帮她转学。朵朵的父母在面对孩子这种情况时，没有主动地询问与采取具体的措施，只是让孩子坚持，这种空洞的要求只会让孩子感觉更加无助，所以孩子更坚定了要求转学的愿望。如果朵朵的父母能够设身处地地站在孩子的角度，理解支持她并帮助她调整心态，同时具体指导一些方式方法，或许孩子的情绪得到了释放，在学校的压力就会相对减轻些。

豆豆妈从小学开始就注重对豆豆学习习惯的培养以及学习内容的选择，这些为他初中的学习打下很好的基础。豆豆为人乐观热情，能主动与同学交往，赢得同学的喜爱。初中适应内容主要是学习方法的调整和人际交往的适应，豆豆能够较快适应学习生活并获得同学友谊，因此觉得学习既轻松又愉快。

【专家面对面】

入学适应，是所有刚踏入初中校的新生所需要面对的重要课题。初一年级学生将面临哪些挑战呢?

一、客观环境的变化。

客观环境变化，诸如校园环境、人际环境、学习环境，甚至是生活环境的变化。1. 校园环境由小学六年熟悉的环境变成一个新的陌生的环境。2. 要面对许多新同学。一个班的同学来自四面八方，多数是新面孔，刚开始见面免不了有陌生感，要重新认识，重新了解，重新磨合。3. 学习科目增多。小学的科目以语文、数学为核心；到了初中，又增加了外语、历史、地理、政治、生物、物理、化学等，课程的内容也由小学的浅显直观变为复杂抽象，学习内容更加丰富系统。4. 授课老师的变化。由小学时的主要由语文或数学老师既当班主任管理学生又兼授课、天天见面，变成多位老师各授一科、讲完就走，几天见不到一次面。初中班主任也不像小学班主任整天总跟着事事管，有些事情开始交由学生自己管理了。无论班主任还是科任老师都是新面孔，学校生活节奏显得更快。5. 学习氛围变得较紧张。学习任务加重，学习要求更高，课堂节奏变快，竞争激烈。学习环境的变化要求学习方式的改进，但并不是每个孩子都能及时调整。

二、主体内在的心理变化。

这也是新生不适应的一个重要原因。初一年级前后是孩子由儿童、少年逐步向青年过渡的时期，他们生理发育迅速，心理活动激烈、动荡，性特征开始显现，并由此带来性意识萌发，伴有羞耻心和自尊感，有初步的成人感，独立性、自主性增强，但心理发展与生理发育不平衡，由此产生一系列困惑和矛盾，情绪波动明显，动不动就发脾气，有叛逆心理。初一年级孩子的生活、思想、行动开始游离于父母之外，渴望摆脱父母的呵护。父母会发现一直听话的孩子突然变得不那么听话了。

三、社会支持系统和社会期望的变化。

孩子从小学到初中，学业上了一个新台阶，身体、心理产生变化，家长眼中的他们似乎一下子长大了，父母和师长的这种“你已经长大成人”的观念导致对孩子的关心少、了解少，使孩子遇到问题时无法及时得到家长或老师的帮助。而父母对孩子的期望却变得更高，孩子的学习成绩一波动，便会紧张，甚至批评孩子。结果孩子心理的巨大落差以及缺乏抗挫折的能力导致他们适应不良，出现焦虑、抑郁等情绪。

小学升初中对孩子来说是一次转折，孩子面对以上种种变化，从一个熟悉环境到一个陌生环境，必然会产生紧张、焦虑的情绪，有时会因为一时交不到知心朋友，得不到老师的积极关注而感到寂寞、孤独，对周围的环境和人际关系缺乏信赖感，而表现得敏感、多疑，一些内向、不善言谈、缺乏自信心的学生容易回避、退缩，甚至沉迷于网络。

那么，如何引导孩子尽快适应初中生活？

一、 处理好亲子关系，做好亲子沟通。

孩子已进入青春期，生理发育迅速，心理上自主意识、自尊心增强，开始有成人感。因此，家长要尊重孩子的自尊心，倾听孩子的心声。家长只有与孩子保持良好的沟通，才能走进孩子的内心，进而了解问题的症结，找到解决问题的好方法。

二、帮助孩子调整心态，适应新环境。

面对新的学习和生活，孩子可能会遇到各种各样的情况，适应过程也就是一个心态调整的过程。不论是紧张焦虑还是无助退缩，都是孩子对新的学习环境的反应。因此，需要家长耐心帮助孩子做好心理准备。其次建议孩子尽快熟悉和适应校园环境，家长也应帮助孩子摆正位置，增强自我意识，既不自傲也不自卑，以积极进取的心态投入新的学习生活，调整好心态，做到胜不骄、败不馁。

三、帮助孩子制订学习计划，改进学习方法。

孩子在青春期自主意识增强，因此要趁此机会帮助孩子树立远大的理想，明确学习动机，确定学习目标，端正学习态度，同时帮助孩子调整学习方法，制订学习计划，尽快适应初中老师的教学要求。

四、鼓励孩子主动交往，融入集体生活。

每一个人离开熟悉的环境，来到一个陌生的场所，都免不了会有失落和惊恐，对新环境的适应不良在很大程度上反映了一个学生在人际关系方面的能力有所欠缺，因此家长要鼓励孩子在新的集体中学会主动交往。建议孩子不要坐等着同学向自己伸出友谊之手，而应以积极的心态去接纳新同学，见到老师、同学要微笑相迎，主动打招呼，要真诚主动地与同学交往，这能使孩子较快地融入集体中，找到知心朋友。

五、鼓励孩子自立，提高自理能力。

初一年级新生自我意识增强，正处于提高自理、自立能力的关键时期。家长要鼓励孩子多做家务，勇于锻炼自己。平时在家要适当安排家务活给孩子做，鼓励孩子主动整理自己的学习用品，提高自理能力。对于需要寄宿的孩子更要做好这些能力的培养。对于一时不能适应要求转学的孩子，建议积极引导他适应，主动勇敢地面对困难。

六、疏导孩子不良情绪，使之及时合理宣泄。

家长在孩子进入初中时指导他调控情绪的方法，比如延迟发怒、找个地方合理发泄出来、哭出来、写日记、向朋友和家长倾诉或者是通过打球、跑步等运动来转移注意力。家长一旦发现孩子出现各种不良情绪，要帮助孩子及时合理地宣泄。

当然，家长自觉地与孩子一起成长，做孩子的知心朋友，是帮助孩子的重要条件。终身学习的时代，作为家长应具备求知上进的精神，给子女做出榜样。如果能使子女意识到爸爸妈妈同样在学习，在进步，孩子就会明白学习是伴随人终生的；家长的自觉成长就是与孩子的深层次碰撞，有利于缩短亲子之间的心理距离。

【想与做】

想一想

和孩子一起回忆：小学时最开心的事情是什么？最难过的事情是什么？最大的愿望是什么？对比初一年级有什么不同？

做一做

1. 入学前带孩子走访几位初中生，让孩子了解初中生一日生活内容、开设的课程，了解初中学习生活情况，做好物质上和心理上的准备。

2. 给孩子讲讲自己刚上初中时的经历。

3. 和孩子一起制订包括每个家庭成员的个人规划在内的3年家庭规划。

没事的，等一下吃完饭，妈妈和你一起来“研究研究”考卷。

学习成绩下降不是我的错

【长镜头】

学习是人生的一个重要组成部分，更是初中生活的主旋律。进入初中，学习的课程门类逐渐增多，学习的内容发生了明显的变化，不少在小学阶段曾经的“尖子生”，进入初一年级后很难再继续保持领先的地位；相反，有些原来成绩相对一般的同学，却后来居上，成为学习上的佼佼者。初一年级的第一次期中考试，今天就要知道成绩了，学生很紧张，家长也在期待中，真是几家欢喜几家愁呀！这不，随着成绩的公布，有些学生已经露出了灿烂的笑容，有些则愁眉苦脸，还有一些同学已经开始抽泣了……

【家庭万花筒】

镜头一

今年夏天，爸爸、妈妈来到这个城市打工，豆豆也跟着到了爸妈工地附近的学校，就读初一年级。面对这座陌生的城市，豆豆感到既新鲜又迷惘：新鲜的是触目皆是的高楼大厦，还有城市里快速的生活节奏；迷惘的是离开了原来的同伴，在这里读书，不知道能不能遇到新的朋友。想到这些，他的心里总是涌出一股说不出的滋味。

随着新学期的开始，豆豆见到了新的同学和老师，他们都很热情，豆豆感到了温暖。他很想在这里好好读书，以后也能像城里的孩子一样去上大学，留在城市里工作，这是他的一个梦想。于是，他每天很早就起床，准时去学校上课，刚开始他还能听得懂老师的课，可是好景不长，他感觉到不能跟上老师上课的速度，特别是对于自己在原来的农村小学从未学过的英语课程，他更觉得每次上课就像听“天书”一样，脑袋一片空白。别人可以轻轻松松完成的作业，他也觉得特别繁重，总有喘不过气来的感觉。原来在读小学时，他的成绩还是属于班级里比较好的，可在这里他赶不上其他同学的步伐。豆豆是个要强的孩子，虽然成绩不理想，但他仍然每天努力地学习，就像蜗牛背着重重的壳一样地爬行，为了他心中的那个梦想。

今天要公布期中考试的成绩了，豆豆怀着忐忑不安的心情来到学校。第一节就是英语课，豆豆心里有些忐忑。上课了，老师开始分发试卷，老师强调：试卷一定要给家长签名。豆豆终于拿到自己的试卷，啊？竟然比平时小测的成绩还要差，才考了40分，全班倒数第一，他真想找个缝隙钻进去。接下来各科试卷也都陆续发下来了，除了语文，其他科目都挂上了红灯，从小学到现在，他从来没有过这样差的成绩，他真的不敢想象回家会出现什么样的结果。他还清楚地记得这学期第一单元数学考试，他考了60分，结果遭到爸爸一顿责骂，为了这件事爸妈还吵了一架。

放学了，豆豆最后一个离开教室，拖着沉重的步伐，原本熟悉的道路变得如此难行，平时只要走十分钟的路，今天却走了半个小时。到家了，这是爸妈租住的廉租房。爸爸已经回来了，在狭小的客厅里抽着烟，一脸倦容，妈妈正在炒菜。

爸爸一看到豆豆，就说：“你今天跑去哪里玩了，这么晚才回来？”

“我……我没有……爸，今天我们发期中试卷了。”豆豆支支吾吾地说。

“考多少分?”爸爸没好气地问道。

结果可想而知，当看到豆豆的成绩时，爸爸顺手拿起沙发上的皮带狠狠地抽了他几下，生气说：“你这个没用的东西，才考这几分。我辛辛苦苦地赚钱供你读书，你太不争气了。你难道也想像我一样一辈子都这样吃苦吗?”妈妈听到声音，赶快从厨房里出来劝说，她心疼着儿子，可是爸爸越想越来气，一边抽打着豆豆，一边训斥着妈妈：“都是你宠出来的，你去帮他考啊!”

豆豆想争辩，可是又说不出话来，谁叫自己不争气呢？爸爸最后连晚饭都没吃，摔门出去了。豆豆趴在床上痛哭着，妈妈也没心思吃饭。今夜，将是一个不眠之夜。

镜头二

明明是个性格内向、文静的女孩子，平时学习很认真，成绩总是名列前茅，而且钢琴也弹得不错，已经通过全国钢琴等级八级考试。这些好成绩的取得，都离不开明明妈。

明明妈一直相信“严师出高徒”，从小学开始，明明就在妈妈的严厉监督下成长。每天一个小时的练琴从未间断，字要求工工整整，稍微写得不好就得撕掉重写，所以，在小学阶段，明明的学习成绩一直是排在年段前三名，经常受到老师的表扬，明明妈也成为班上其他家长羡慕的对象。可是，明明觉得很累，她习惯了不允许自己出错，平时基本没有时间与朋友们一起玩，她的童年是不快乐的。她觉得她取得的成绩都是为了给妈妈挣面子，而不是她自己想要的。可是她觉得妈妈也很辛苦，所做的一切也都是为了她这个女儿。

刚上初中时，明明妈就告诫她说：“这学期非常关键，大家都站在同一个起跑线上，你千万不能输给别人。”于是，明明更加勤奋地学习，上课专心听讲，晚上经常复习到十一二点，有空时她还要做妈妈给她买的“尖子生题库”、“金牌奥数”等各类辅导作业……明明也很想用好成绩来回报妈妈。

可是，今天期中考试成绩一公布，明明的心里就不好受，成绩比上次退步了，只排在班级第八名，回去怎么跟妈妈交代呢？明明内心很矛盾。回到家，妈妈很早就在门口等她了，一看见明明，妈妈就迫不及待地问:“听邻居朵朵妈说，今天期中考试成绩已经公布了，朵朵排在班上第三名，你呢?”

“第八名。”明明小声地回答道。

“什么，第几名?”明明妈不敢相信自己的耳朵，又重新问了一遍。

“第八名。”明明无助地说。

“你这次是怎么考的？朵朵都考了第三名，她平时可比你差多了，赶快把试卷拿出来，让我看看!”

明明妈是个急性子的人，还没等明明放下书包，就已经把试卷全部找出来了，其实除了一门地理考了85分，其他六门都是90分以上，但是明明妈还是狠狠地批评了明明。明明满腹委屈，但她也不敢说什么，因为她自己也觉得这次确实没考好，对不起妈妈。于是，明明匆匆忙忙地吃完晚饭，赶紧拿起书包到自己的房间里做作业、复习功课，她再也不想让朵朵超过自己了。

明明的心里，其实还有个更迫切的愿望：要是考试没有排名次那该多好啊！或者，要是哪一天不用读书该有多好呀！而这些话只有夜深人静时，她才能对天上的星星说一说……

镜头三

朵朵在父母的影响下，从小就喜欢运动、画画、猜谜、阅读……她凡事还喜欢问个“为什么”，爱看侦探故事，有时亲戚朋友问她：“朵朵，你以后要当什么？”她会很自豪地说：“我以后要当侦探。”朵朵是个兴趣广泛的孩子，小学毕业时，老师给她的评语是“深藏不露的小才女”。朵朵很有爱心，她多次在“六一”儿童节时，用自己的零花钱买了“爱心书包”捐给贫困地区的小朋友。她的童年生活是充实而快乐的。

上了初一，朵朵长个子了，跟妈妈站在一起差不多一样高，也更懂事了，朵朵妈说她是妈妈的贴心“小棉袄”。朵朵从小就喜欢听爸爸讲故事，喜欢向爸爸请教问题，因为爸爸知道的事情可多啦。进入初中后，朵朵知识又丰富了很多，有时也会为某一个问题跟爸爸争辩得面红耳赤，但都会求同存异，一家人总是其乐融融。

今天放学，朵朵妈看到朵朵回来后，愁眉苦脸的，就觉得不对劲，后来了解到是因为这一次的期中数学考试朵朵考砸了，才考了70多分，原来在小学六年级她还曾经考过满分呢，难怪朵朵一脸不高兴。“没事的，等一下吃完饭，妈妈和你一起来‘研究研究’考卷。”朵朵妈搂着她安慰道。这时朵朵爸也回来了，一进门就喊道：“我们家的‘开心果’今天跑哪里去呢？怎么还不出来欢迎我这个‘大帅哥’回来？”当他了解到朵朵是因为数学考得不好而伤心时，半生气半开玩笑地说：“谁出的考卷这么难，我也来出一张给他做，看他不考个0分才怪。”这下子把朵朵给逗乐了：老爸可总是自称“数学白痴”啊！于是家里的“空气”又恢复到和往常一样，朵朵又和爸爸开始争论昨天还没争论完的问题，谁也不认输。饭后，朵朵认真细致地分析了数学试卷的错题，原来，她这次的“失败”主要原因是解题思路出现了偏差，还有就是粗心大意。朵朵重新复习了知识点，订正了错题，把它们抄录下来，她学习数学的兴趣和信心又回来了。妈妈在旁边看着，开心地笑了。

进入初一年级后，朵朵爸妈其实非常重视孩子适应新阶段的问题，也采取了一些措施帮助朵朵尽快去适应初一的学习，比如：初一开始开设生物课，朵朵本来就对各种植物很感兴趣，于是，朵朵妈就在他们家窗户阳台开办了一个“QQ农场”，里面种植了草莓、菊花、仙人掌、蟹爪兰等许多植物，朵朵每天会利用课余时间去管理她的农场，既学到知识，又提高了自己的动手能力，一直保持着学习的积极性，即使个别科目考试没考好，也不影响她的自信心。

【心理对对碰】

校园里有一句顺口溜：“考，考，老师的法宝；分，分，学生的命根。”考试是老师检验学生学习情况的重要手段；获得高分是学生得到表扬与认同的重要依据。孩子学习成绩的好坏，也成为不少家庭里父母喜怒哀乐的晴雨表。其实，如果家长对孩子的学习成绩过于看重的话，反而会导致孩子厌学情绪的产生，不利于孩子的健康成长。

豆豆爸妈从农村来到城市打工，住在简陋的出租屋，“望子成龙”是他们的强烈愿望。因为他们深知打工的艰辛，把希望寄托在豆豆身上，希望豆豆认真读书，考上大学，从而不再从事他们现在这种艰苦的工作。但是，当看到豆豆学习成绩不理想时，爸爸采用的是一种简单粗暴的方式，没有认真、客观地分析、思考豆豆出现成绩下降的原因和特殊情况。与小学阶段的学习相比，进入初中，学习内容和难度都增大，初一年级的学生都需要一定的时间来适应，更何况豆豆是这学期刚从农村转学到这里读书的，需要有一个适应新环境的过程，还有像英语等一些科目原来在农村小学里都没有学过，所以更需要家长的理解。其实，豆豆很理解父母的心情，平时他学习认真、自觉，他也想考好。豆豆爸爸应该多给孩子一些时间，多一点鼓励，培养孩子学习的兴趣，帮助孩子树立学习的信心，更快地适应这里的学习生活。

明明妈类似于“虎妈”，对明明的教育是非常严厉的，也很看重明明学习成绩的名次。因为，我国的考试制度往往是凭分数一锤定音，家长们都很担心孩子的学习成绩不如别人。明明是个很懂事的孩子，学习成绩也很优秀，这些都跟妈妈平时的严格要求有很大的关系。明明从小就养成对妈妈唯唯诺诺、言听计从的习惯，即使自己有委屈也从来不敢反驳妈妈。这次期中考试成绩排名稍微落后了一些，就立刻成为明明妈生气、明明受批评的导火线。

在不少家长心中，学习成绩的好坏往往是衡量孩子是否优秀的标准。进入初中，很多孩子夜以继日地读书，就是为将来能考上好大学做准备，另一方面他们也把成绩当做是回报父母的最好方式。学习成绩的下降必然会使很多孩子遭到父母的批评，甚至是惩罚。“可怜天下父母心”，孩子就在这样的教育方式下长大，他们在表面上表现出对父母的顺从、听话，但是，在他们的心里已经形成一致的看法：读书是为了父母，考出好成绩是为了让父母亲高兴。这样的结果不利于孩子身心健康的发展，更不利于孩子创造性的培养。

实际上，太“懂事”的孩子，容易在成长过程中出现心理失衡，更容易患上各种没明显病因的疾病。而初一年级是孩子开始从幼稚走向成熟的阶段，他们逐渐具有自己独立的思想，也有一定的叛逆倾向，如果这时候的孩子还是表现出“非常地听话”，可能已经把对家长的不满情绪压在心里，为了使自己的学习成绩让家长满意，他们往往在学习上过度透支体力和脑力。所以，对初一学生学习成绩的下降过分批评，会导致孩子的压力过大，家长应该改变理念，让已表现出过于“懂事”倾向的孩子多交朋友，跟大多数同龄孩子和谐相处，多参加集体活动，更重要的是要允许孩子犯错误，从而在错误中自我认识、自我改进。

朵朵是在一个民主、和谐的家庭里成长起来的，父母亲对她的教育采取宽容的、鼓励的方式，从不因为成绩的下降而去批评、惩罚她，而且总是会寻找各种机会调动孩子学习的积极性，激发学习的兴趣，帮助朵朵养成良好的学习习惯。朵朵学识丰富，兴趣广泛，具有很强的好奇心，遇到不懂的事，总是刨根问底，是个多才多艺的女孩。小时候她的理想是当一名侦探，一般女孩子是不会有这种想法的，但朵朵的爸妈却不会去干涉她，他们相信朵朵随着年龄的增长，会寻找到适合自己的发展方向的。正是平时开朗、乐观的心态，加上爸爸妈妈的宽容，朵朵很快适应了初一的学习生活，并且在各个方面都能均衡发展，成为一个品学兼优的孩子。

【专家面对面】

初一年级是孩子从小学到中学的过渡期，学生的身心发展也向青春期过渡，可塑性大。初中阶段既是掌握基础知识、基本技能的最佳时期，又是为今后发展创造条件的重要时期。但是，家庭教育方式的不同，以及孩子适应能力的差异，导致一部分孩子在学习成绩上出现一定程度的波动，家长如何正确对待孩子学习成绩的下降问题，对孩子后期的学习至关重要。为此，我们提出以下建议：

一、 家长要转变观念，自身要树立科学的学习观和成绩观。

家长首先要明白孩子的学习是为了什么。其实，学习并非只是应付考试，更重要的是为了孩子自身的人格健全，是为了求得真知，是实现孩子自我完善的基石，也是孩子生存和发展的内在需求。而考试成绩只是一种外在的东西，不能单纯把学习成绩的好坏作为衡量孩子是否优秀的唯一标准和指标。如豆豆的爸爸、明明的妈妈对孩子成绩的名次过分看重，已经严重影响到孩子的健康成长。作为家长，应该转变观念，与孩子达成共识：学习是为了孩子自身的全面发展，学习成绩的下降并非“世界末日”来临。

二、了解孩子进入初一年级后的学习特点，有效帮助孩子适应新环境。

1. 学习内容逐步深化、学科知识逐步系统化。小学阶段，学生的学习内容是比较简单的，主要学习语文、数学等基础课程。进入中学以后，学习的内容发生了明显的变化，课程门类逐渐增加，内容也逐步加深。语文、数学、英语这些小学曾学习过的课程，由直观的、感性的、零碎的知识点变成了更为完整、系统的知识体系，并更加突出能力要求，历史、地理、生物等学科也成为重要的学习内容，这就使初中生的学业负担客观上大大增加了。而这时候如果孩子的自我管理能力不能跟上这种新的要求，就会导致学习成绩的下降。

2. 孩子适应能力的差异也是导致学习成绩下降的一个重要因素。进入初中后，学习环境明显不同，老师的教学方式也发生了显著转变：课堂教学中，教师比较注重启发学生独立思考问题；课堂教学外，孩子更需要自觉地安排自己的学习活动。而在家庭教育中，随着学习内容的增加与难度的增强，家长对孩子学习的直接帮助也逐渐减少。因此，适应能力和自学能力较弱的孩子的学习成绩往往每况愈下。

3. 孩子学习自觉性和主动性的差异则是另一个因素。初一时，有些孩子的自觉性和主动性还不能长久保持，教师和家长的管理稍有松弛，就会无法自制，把学业抛至脑后，从而导致学习成绩的下降。随着年龄的增长、心理的变化，电子游戏、武侠小说、言情小说乃至某些不健康的读物都会对孩子产生极大的诱惑，成为影响学习的因素。有些孩子自制能力比较差，甚至沉迷其中不能自拔，这也使原本成绩相差无几的同学之间差距开始拉大。

三、家长可以从学习习惯、学习方法等方面对孩子进行细致的教育，帮助孩子尽快适应新的学习生活。

1. 帮助孩子养成良好的学习习惯。

“习惯成自然”，良好的学习习惯对学习有着重要的促进作用。一般可以引导孩子这样做：课前认真预习所要学习的内容；课堂上集中注意力听课，做好听课笔记，并积极思考，不懂就问；课后认真复习当天所学的知识，并完成当天的作业。其中预习——听课——复习——作业四个环节要环环相扣。再比如，养成作业认真书写的习惯，不仅可以保证作业的美观整洁，提高作业的质量，还能够培养一丝不苟的严谨作风。反之，不良的习惯也会成为学习进步的绊脚石，不少成绩比较不理想的学生，其实智力并不差，但往往上课心不在焉、作业马马虎虎、做事丢三落四。相比小学，初中的学习内容容量增多，学习难度增大，如果没有一个良好的学习习惯，学习成绩就很难提高。

2. 因“科”制宜，帮助孩子找到适合自己的学习方法。

初中阶段的学习，学科逐渐细化，各门学科都有自己明显的特点和规律。理科类数、理、化的学习重抽象思维，要善于融会贯通；文科类语、史等则重知识积累，要善于联系实际。只有把握各学科的特点，因“科”制宜，才能有的放矢地学好各门功课。同时，可以向班主任建议，在开学初由各科老师先传授学习方法；初一年段上学期期中考试结束后，召开一次学习经验交流会，邀请初二年段学习成绩优秀的同学来参加，让他们谈谈学习经验和学习方法。通过学习交流，让孩子形成适合自己的学习方法。

3. 帮助孩子保持一颗平常心。

任何事物的发展都是前进性与曲折性的统一。如果孩子考试考得不好，在一定意义上也是一件好事。通过分析会发现考得不好的原因到底在哪儿，针对发现的问题进行学习，这样成绩会提高很快的。因为，考试分数提供给学生的不仅仅是简单的分数，学生从中会看到自己的学习和备考情况，会逐渐取得宝贵的考试经验，使自己的心态更加趋向平稳，到关键时刻就能考得好。如果把平时考试看成是“灾难的预演”，出现失误就垂头丧气，而不是用心于科学准确地解剖自己，“更上一层楼”的希望就会成为泡影。

哪一个孩子愿意看到自己的学习成绩下降呢？作为家长，要认识到：学习成绩不能代替一切；成绩下降并不是孩子的错，其中有着各种各样的因素；孩子成绩的提高，需要家长更多的理解与支持。

【想与做】

想一想

1. 家长题：是否因为孩子学习成绩退步而发过火？孩子的反应怎么样？你觉得除了学习成绩之外，孩子还有没有其他的优点？夫妻双方对待孩子的学习问题意见是否统一？

2. 孩子题：你认为自己学习成绩的下降是什么原因造成的？父母亲的批评你是不是可以接受？你有没有和父母亲进行沟通？你觉得应该怎样进行有效沟通？

做一做

1. 亲子共做：针对初一年级各科的学习特点和孩子自身的实际情况，家长与孩子一起研究、制订学习目标和计划。

2. 孩子题：准备一本笔记本作为“错题集”，把各科每一次作业和考试中做错的题目抄下来，定期拿出来做。

咳，真倒霉，刚上初中，又要和女生坐在一起了。

我的同桌是男生

【长镜头】

进入初中后，班级座位的安排大部分还是男生女生“混搭”。而随着身体的发育，生理上的成熟，男孩已初步具有男子汉的气概，女孩则出落得更加温柔可爱了，同学们开始关注起自身的形象，也更加意识到了性别问题，并逐渐对异性产生了兴趣。回到家里，也会和爸爸妈妈说一说同桌的他或她的种种情况，表现出或喜欢或厌恶的态度。对此，作为家长，您是怎么做的呢？

【家庭万花筒】

镜头一

朵朵今年 12 岁，刚刚上初一，个子已经跟妈妈一样高了，长得眉清目秀，亲戚朋友都很羡慕朵朵妈生了一个这么漂亮的女儿，妈妈每次听到别人夸奖朵朵，心里都有说不出的高兴。朵朵和妈妈特别贴心，有什么高兴或是烦心的事都会马上跟妈妈说，妈妈则是她最忠实的听众。

在初一上学期期中考试之后，这天，像往常一样，朵朵妈下班后，就开始在厨房里忙活，淘米、洗菜、剁肉……不一会儿就把香喷喷的晚饭准备好了，这时，门铃响了，“哦，宝贝女儿回来了。”妈妈赶快去开门。

朵朵一进门，就撅着嘴对妈妈说：“妈，今天老师不知怎么啦，安排了一个学习成绩很差的男生跟我坐在一起。”

“哦，是吗？老师这样安排应该有她的理由。他叫什么名字？”妈妈心平气和地说。

“叫豆豆，他的数学成绩在我们班是倒数的。再说，上初一了，怎么还跟男生坐在一起啊？”朵朵气呼呼地对妈妈说，希望妈妈能帮一帮她。

“哦，这就是你讨厌他的原因吗？”朵朵妈笑着说。

“是的，妈，快帮帮我，我该怎么办呢？”朵朵哀求道。

“豆豆上课认真听讲吗？”

“他倒是很认真，但好像有点笨，这不，下课后就向我问数学题了。”

“你的学习成绩比较好，我想，老师的用意是希望你能帮助他。你如果有时间可以多帮他，说不定他的成绩也会提高的，同学之间应该互相帮助才对。进入初中，和男生同桌可能会觉得有点别扭，但我听说，男女生之间的正常交往会更好地促进各自的发展。再说了，他肯定也有他的优点，你可以仔细观察一周，看看他身上有什么自己不具备的良好品质，然后回来告诉妈妈。”朵朵妈耐心地启发着，希望女儿不要为了今天的事而影响到学习，同时也期待朵朵能处理好与异性同学的交往。

朵朵在妈妈的劝导下，不愉快的心情很快消失了。吃完晚饭，朵朵很自觉地进入自己的房间，开始做作业、复习功课。

此后，朵朵渐渐习惯了帮助豆豆学习，同时也发现他身上还真的有一些长处，比如他热爱劳动，每次打扫卫生都比别的同学要用心，并且他的体育也不错，还是年级的足球队员呢。过了一段时间，朵朵很自豪地告诉妈妈，豆豆在她的帮助下，第四单元的数学考试有很大的进步，前进了15名，老师不仅表扬了豆豆，也表扬了她。朵朵体会到了帮助同学的快乐。

镜头二

开学第一天，豆豆气喘吁吁地跑进教室，找到自己的座位，刚想找个熟悉的人聊聊，突然发现：他的同桌是一个女生！豆豆不爱和女生同桌，觉得她们小气、爱打小报告，还爱哭鼻子。他想："唉，真倒霉，刚上初中，又要和女生坐在一起了。"

不过话说回来，这个同桌女生——朵朵，看起来还不怎么令人讨厌。她很文静，学习也很好，老师经常表扬她，还让她当了班长。豆豆对这个同桌渐渐产生好感，可是由于自己不善于和女生交流，两人的关系一直很平淡。

有一天，豆豆感冒了，他还坚持来上学，但第一节课时，伴随着一个大大的喷嚏，他的鼻涕开始控制不住地滴下来，这时豆豆发现了自己有一个"重大失误"——忘了带面巾纸，这下可难受了，整节课他都在不停地吸着鼻涕。这下可真丢脸，豆豆心想。这时，朵朵从书包里拿出一包纸巾递给豆豆，说："你用这个吧。"豆豆犹豫了一下，接过纸巾，小声地说："谢谢，谢谢！"两人相视而笑，一下子感觉距离拉近了许多。后来，两人渐渐有了更多的交流，朵朵常常把自己整理好的笔记借给豆豆参考，而作为班级体育委员的豆豆也教会了朵朵打羽毛球、乒乓球。

这一天，放学后，朵朵因为国庆班级游园活动的事要和豆豆商量，由于他们回家的路有一段是相同的，所以他们推着自行车，边走边说。这时，豆豆妈刚好下班回家路过，看到豆豆和一个女孩子在一起说说笑笑的，妈妈就喊道："豆豆，这么晚怎么还没回家？"朵朵也听到了，赶紧叫了一声"阿姨"就骑上自行车走了。妈妈当时也没说什么，可是，当豆豆回到家里时，就觉得很不对劲，妈妈脸上布满了乌云。

"豆豆，你怎么开始交女朋友了？"妈妈生气地问道。

"我没有，我们只是同学。"豆豆争辩着。

"没有？我看你们两个很亲密啊，我要去问问老师。你太不懂事了，我和你爸两个辛辛苦苦地赚钱供你读书，你竟然小小年纪就开始谈恋爱……"

"我没有谈恋爱，我们只是在讨论班级活动的事！你不能冤枉我们呀！"

"'我们'？叫得还挺亲热呢！"

不管豆豆怎么解释，妈妈就是不相信，他心里有太多的委屈，可是妈妈也不会理解。虽然妈妈的出发点是叫他安心读书，不能过早谈恋爱，但是急性子的妈妈就是无法体会到他真实的感受和心情，所以一再要求他承诺减少与朵朵的来往，把注意力放在学习上。豆豆望着妈妈憔悴而疲惫的脸庞，无助地躲进了自己的房间……

镜头三

自从进入初中后，原来傻乎乎的点点转眼间变成了一个英俊潇洒的小伙子，学习成绩也一直保持班级领先地位。可是最近，细心的妈妈发现，点点很注重"个人形象"了，每天早上上学前经常躲在洗手间梳洗了很久才出来，头发还喷上摩丝，妈妈给他买的衣服也不喜欢穿了，这不，还跟妈妈说过几次别再给他买衣服了，他要自己买。这可不是原来的那个"听话"的点点啊！

后来，在家长会上，班主任跟点点妈说，点点和他的同桌女生明明关系比较密切，上课时注意力不够集中，经常开小差，最近学习成绩有所下降，老师叫点点妈要注意引导。听到这个消息，点点妈恍然大悟，明白了点点之前为什么会发生那些变化。

今天刚好是星期六，一家人吃完晚饭，坐在沙发上看电视，电影频道正在播放一部经典爱情片——《泰坦尼克号》，男女主角生死不渝的爱情感动了他们一家人。影片结束了，妈妈看到点点的眼睛红红的，趁机问他：

"点点，你看得懂吗？"

"妈，我又不是小孩子了，还问这个。"

"那你觉得什么才是真正的爱情？"

点点一下子回答不出来了。

妈妈说："我想，爱情要建立在双方都具备一定的责任意识，有一定的独立生活的能力，有共同的人生追求，能一起面对生活的考验，最后，他们为了对方可以不惜牺牲自己。"

"看来爱情还有一定难度啊！"点点说。

"你们这个年龄，男女同学之间相互产生好感是很正常的，但那还不是爱情。要把精力放在学习上，以后的人生长着呢，总会遇到真正令你心动的异性，那时再谈也不迟。"

"妈，我又没有……"点点脸红了。

妈妈笑着说："好啦，妈妈只是顺口说说，我相信你会明白道理的。"

点点若有所思，他轻声对妈妈说："妈，我知道应该怎么去做了。"

【心理对对碰】

进入初中后，同学们对异性都会产生一种交往的需求，并把异性交往当做展示自己性格与魅力的一种方式，而异性同桌最容易成为异性交往的对象。男女生之间正常的接触与交往，也是青少年生理、心理发展的需要，家长不能干涉，甚至应鼓励孩子进行正常的异性交往。但是，如果交往分寸把握不好，容易交往过密，就有可能出现过早地涉入爱河。这种过早出现的恋情，如果不能及时稳妥地加以处理，轻则会影响青少年正常的生长发育、影响他们的学习和生活，重则会直接造成青少年的情绪障碍和行为失范，危及心理健康，这也是家长们最为担心的事。因此，面对孩子的异性交往，家长们要加以正确指导和帮助。

镜头一中朵朵妈的处理就很得当。她在认真听完女儿对同桌的抱怨之后，耐心地分析老师安排豆豆和她坐在一起的原因，有针对性地进行开导，指导朵朵如何处理好与同桌豆豆之间的关系，尽快消除因对同桌学习成绩产生忧虑而给女儿带来的影响，并且告诉朵朵同学之间有困难要互相帮助，同时也教育她要善于发现异性同学身上的优点，取长补短，才有利于自身的全面发展。

镜头二中豆豆妈对豆豆与异性同桌的交往采取的态度是怀疑的，甚至是一味排斥和否定，一看到豆豆和他同桌交往比较亲密，就害怕他们进入早恋的行列，分散了精力，影响到孩子的学习成绩。虽然这种担心也有一定的道理，但是豆豆妈不能与孩子进行深入沟通，致使豆豆与同桌之间原本纯洁的同学关系蒙上一层阴影，让豆豆真的是有口难辩，在一定程度上已经对豆豆心理造成负面影响。其实，有研究表明，一个与异性交往很成功的人，往往情绪饱满，精力充沛，学习和工作的效率都很高。因此，与异性同学的正常交往本身并不会对孩子造成负面影响，可能还有积极作用。相反，倒是家长的无中生有或者疑神疑鬼，会让孩子们原本纯洁的友谊变得尴尬，有时甚至会真的走向歧途。所以，如果发现孩子与异性同学正常交往，家长不应该过度关注，要相信自己的孩子，或者给予适当的关心和引导。

镜头三中细心的点点妈在发现点点的变化时，并没有直接地去质问点点，而是在了解点点变化的原因之后，利用周末看电视的契机进行引导。进入青春期的少男少女们，会不知不觉地产生一种对异性的朦胧好感和倾慕。点点通过自身的外表打扮，来引起同桌的注意，对于处于这个年龄的点点来说，都是很正常的。所以，点点妈能够理解孩子这种正常的生理变化，因势利导，让点点对什么是爱情有初步的认识，以及明确自己现阶段的主要任务，使点点心悦诚服地接受妈妈的建议，实现与孩子良好的沟通。

【专家面对面】

进入青春期以后，孩子正常的异性交往不仅有利于学习进步，而且也有利于孩子个性的全面发展。一般来说，在中学期间，既有同性朋友又有异性朋友的孩子，往往性格会比较开朗乐观，为人诚恳热情，乐于帮助同学，自制力比较强，有较好的沟通社交能力，异性同学彼此之间的相互吸引会促进孩子人格的完善和发展，同时也给双方创造一个发展各自优点的最佳氛围，这样就为自己营造了一个自我发展、自我评价、自我完善的最佳心理环境，获得一个克服自身缺点及弱点的绝好机会。学会与人交往，包括与异性交往，是孩子个人成长过程中不可或缺的内容。而与异性正常的接触与交往，是青少年生理、心理发展的需要，所以，这时家长们不要干涉孩子的异性交往，要理解和引导孩子，帮助孩子正确把握与异性同学交往的尺度，建立起积极向上、健康发展的异性关系。

一、 要认识到青春期异性交往是正常而且是必要的。

随着生理上的日益发育成熟，中学生的性意识开始萌动，男女同学都会产生对异性的好感和爱慕，这是很正常的心理现象。如果可以把对异性的好感变成学习的动力，最大限度地发挥自我，互相学习，取长补短，这样成长起来的孩子将来就能更好地适应社会生活。

其实，男女间的健康交往，对孩子今后的成长与发展有重要的影响。家长要认识到孩子处理好男女同学之间的交往有各种好处，比如：1. 智力上可以取长补短。男女生经常在一起，可以互相学习、互相影响，可以取长补短，差异互补，提高自己的智力活动水平和学习效率。2. 情感方面的互补。两性在情感特点是有差异的，女生的情感比较细腻温和，富于同情心，情感中饱含有使人宁静的力量，这样，男生的苦恼、挫折感可以在女生平和的心绪与同情的目光中找到安慰；而男生情感外露、粗犷、热烈而有力，可以消除女生的忧郁与疑惑。3. 个性方面的互补。只在同性范围内交往，我们的心理发展往往会变得狭隘，远不如既与同性又与异性的多项交往更能丰富我们的个性。多项的人际交往，可以使差异较大的个性相互渗透，使性格更为豁达开朗，情感体验更为丰富，意志也更为坚强。保加利亚的一位心理学家说过："男人真正的力量是带一点女性温柔色彩的刚毅。"

有异性参加的活动，较之只有同性参加的活动，一般会让人感到更愉快，活动的积极性会更高，往往玩得更起劲，干得更出色。这就是心理学上的"异性效应"。俗话说，"男女搭配，干活不累"，说的就是这个道理。当有异性参加活动时，异性间心理接近的需要就得到了满足，同时也使彼此间获得了不同程度的愉悦感，从而更加激发起内在的积极性和创造力。所以，健康的两性交往对孩子的成长有着诸多的好处，家长要做的只是教育孩子把握好两性交往的尺度，防止"过"与"不及"。

二、引导孩子把握异性交往的规则。

进入初中后，由于孩子生理和心理发展的需要，与异性同学的交往是必不可少的。家长要引导孩子学会与异性正常交往，把握与异性交往的分寸，教育他们在异性交往要遵循一定的交往规则。

1. 要做到自然交往。所谓"自然"，是指在与异性交往过程中，言语、表情、举止、情感流露以及所思所想做到自然顺畅，既不盲目冲动，也不矫揉造作。消除异性交往中的不自然感是建立正常异性关系的前提。要像对待同性同学那样对待异性同学，像建立同性关系那样建立异性关系，像对待同性交往那样进行异性交往。同学的关系不要因为异性的加入和存在而变得不舒服或不自然。男女生交往要理智从事，注意自尊自爱，言谈举止做到文雅庄重，不宜过分亲昵，也不宜过分冷淡。

2. 要做到适度交往。所谓“适度”，指的是与异性交往的程度和方式要恰到好处，应为大多数人接受。男女之间的交往，要相互尊重，明确责任感，这是道德的基本规范，也是少男少女要遵循的行为准则。建议孩子在异性交往中，所言所行要留有余地，不能毫无顾忌。在谈话时，涉及两性之间的一些敏感话题要回避，交往中的身体距离要有必要的分寸等。

3. 要做到自尊自爱。言谈举止要文雅庄重，切不可出现勾肩搭背之类的行为，更不可搔首弄姿，卖弄风情。异性的过分亲昵行为，不仅会使你显得轻浮，引起对方反感，而且还容易造成不必要的误会。交往时都要学会尊重对方，尊重对方的人格，尊重对方的意愿，不可强迫对方服从自己的意愿。学会自爱，爱护自己的尊严和名誉，珍惜自己的人品和人格，并且懂得保护自己，要学会拒绝，学会控制自己的情绪和行为。

4. 要做到光明正大，不要躲躲闪闪。异性同学的广泛交往，对孩子自身的学习、思想都有促进和帮助作用，也有利于情绪的振奋。当异性交往时，如果过多地单独待在一起，往往容易超越普通交往的界线，过早萌生对异性的情爱。所以家长应教育孩子，在与异性交朋友时，切忌躲躲藏藏，要坦然自若。

三、孩子出现异性交往过密的情况，家长要增强引导的智慧。

“异性交往过密”可能是最容易让家长和老师神经过敏的字眼，一些家长一看到孩子和异性同学单独在一起，就怀疑他们“交往过密”，如临大敌，千方百计地阻止他们的交往，有时是“一棍子打死”，丝毫不听孩子的辩解，如：豆豆妈对豆豆与异性同学的交往过于敏感，发现了立即加以干涉。其实，家长要正确对待孩子的异性交往，要把问题看淡一些，避免给孩子造成多管闲事的感觉，避免引起一些不必要的逆反心理。应该说，初中生的男女交往很少存在恋爱倾向，最多也只是对成人行为一种模仿，如果过多地关注和指责，会误导孩子把本来不是那么回事的关系也就当成了那么一种关系去对待，会更加激化孩子的逆反心态，会让他们把这种情感当做“爱情”去捍卫。所以，家长不要看见孩子与异性同学之间有较为密切的交往，就急于表态，甚至上纲上线，而是应该吁给予恰当的引导。

【想与做】

想一想

1. 家长题：回忆自己初一年级时的同学友谊，现在想起来是什么感觉？与自己上初一年级的孩子有哪些异同？

2. 孩子题：比较同性和异性家长教育方法的不同，他们分别对自己的成长有哪些影响？你对异性同桌（同学）有什么新的看法和感受？

做一做

1. 亲子共做：父母结合自己的成长经验，和孩子一起探讨异性交往对个人成长的利弊所在。

2. 孩子题：同桌的他或她身上有哪些优点值得你学习，把它们写下来，再结合你的优缺点，说给爸爸妈妈听，与他们共同探讨与异性同桌如何做到取长补短。

今天体育课，体育老师与同学一组与我们五兄弟打篮球，8:4输给了我们。

我选择，我喜欢

【长镜头】

兴趣是人生存发展的内在动力。爱因斯坦说过：“兴趣是最好的老师。”正因为有好奇心和浓厚兴趣，人们才带有感情色彩地、积极地去探究某种事物和活动，才会产生揭示世界奥秘的强烈欲望，才有对真理的执著追求。古今中外，由于对某种事物有浓厚兴趣而成为专家、科学家的事例太多了。同时，兴趣也是人的生命活力的主要表现，达尔文说：“我一生主要乐趣和唯一职务就是科学工作，对科学工作的热心使我忘却或者赶走我的日常的不适。”进入初一年级后，孩子的兴趣更为广泛，也逐渐定型，家长对此应该怎样引导？

【家庭万花筒】

镜头一

“今天下午有体育课，太棒了。”

上初一之后，点点每周二、三下午上体育课就特别来劲，说话时身子都跳跃起来，大拇指和中指“噼噼”地打着响指，很认真地准备了水壶，要是平时，他是不主动带水的。

每当这时，点点妈总皱着眉头说："如果上文化课有上体育课的这股劲就好了。"

点点不愿听，吹着口哨上学去了。

"今天体育课测试100米，XX跑得最快，我跑了第二名。"

"今天跑60米，XX跑得最快，7.4秒。"

"今天体育课，体育老师与同学一组与我们五兄弟打篮球，8:4输给了我们。"

……

点点每天放学与班上几个同学打篮球，打到天黑才回来，回到家经常是满头大汗，衣服都湿透了，总是一边脱外套一边迫不及待地说着体育课或者是打篮球的事情。每次点点妈听到这些都爱理不理的，觉得这孩子只对体育运动感兴趣，"疯疯癫癫"的，从来不提其他课程的事。点点妈总是很担心文化课怎么办，特别是数学和英语，而且回家都没听他读过英语或练习听力。

初一开学不久，班主任就在班会上提到学校11月中旬期中考后要举行校运会，点点一听特别兴奋，心里打算着要报什么项目，后来决定报400米和800米。

回家一说，点点妈说："怎么这么笨，400米、800米都是要速度又要耐力，是最难取得好成绩的，怎么报这个？"

点点一听就烦起来，没好气地说："我爱怎么报就怎么报！"

因为刚进初一才一个月，大家彼此还不了解各自特长专项，班主任也还没确定体育委员，校运会运动员还没确定，点点却已经忙前忙后。自己先报了400米和800米不说，下课总是跟这位同学交流，跟那个同学动员，和他们商讨报什么项目适合，干得很投入，俨然像个体育委员。

点点这么热心班级的体育赛事，而班主任正要物色体育委员人选，和体育老师商量过后，最后确定点点为体育委员。

“今天，老师在班上宣布我为体育委员。”点点回家就得意地向妈妈汇报。可是点点妈不但不高兴，还担心影响他的学习。

运动员确定下来了，上体育课时的整队和放学训练是点点最兴奋的时候，训练时他与运动员一起探讨交流，乐此不疲。

期中考试快到了，点点的精力都没放在学习上，而是热衷于校运会，每天仍然训练得很迟才回来，回家时，天都黑了，谈的尽是体育课或训练的情况。

点点妈为此着急：“你的学习呢？怎么尽谈这些啊，英语也不听、不读，数学也不预习、复习，这样下去怎么行啊？”点点妈皱着眉，焦虑地说。

“这有什么啦，体育有什么不好的？”点点不以为是。

“体育有什么出路，结果还不是头脑简单，四肢发达……”

“砰”的一声，点点很生气地把门关掉，听起音乐来。

“赶紧写作业！”点点妈急得在房门口团团转。

“烦不烦啊！”

每当这样，就没什么可谈了，点点妈着急也没用，皇帝不急太监急！

平时没把学习当一回事，期中考还热衷于体育训练，学习当然好不了，期中考成绩出来了，点点英语 42 分，数学 45 分，其他科也好不了多少。点点妈这下急了。开家长会，老师表扬了班级前 10 名的同学，以及进入全年级前 50 名的同学，最后还列举了 10 个需要家长共同关注的在年级 150 名以后的同学，点点榜上有名，这下妈妈可窝火了，回来就数落了他一番。

期中考后两周就是校运会，点点很快把坏成绩抛到脑后，头脑里尽是校运会的事。每天下午放学都训练到天黑，全身是汗，天天忙得不亦乐乎。

点点妈心想，照这样下去怎么行，不撤掉他的体育委员，他的心是收不回来了，因此与点点爸商量，决定这么做，没有别的办法了。考虑到校运会在即，所以想等到校运会结束后再与班主任商量。

校运会很快到来了，这是点点最兴奋、最快乐的时刻。

点点昨天下午已经与负责后勤的同学策划买饮料、面包、方便面等，今天一早起床，点点洗漱好吃完饭就满怀期待地到学校去。回来后说的尽是班上比赛的情况。

“今天XX跑100米名列小组第三，进入决赛，比赛太激烈了……”

“XX跑60米，起跑太慢，没进入决赛……”

“我今天跑400米，只得了第4名，太早发力了！”

点点整天为班上同学的比赛情况时而喜时而忧，特别是对接力赛没接好棒获得最后一名很失望，最后的比赛结果，他们班在年级8个班中排第6名，很憋气啊，回来本想找妈妈一吐为快，但点点妈已决定要求班主任撤掉他的体育委员职务，对点点的话不理不睬，甚至冷嘲热讽。

“我参加400米比赛只得了第4名，800米只得了第5名。”点点伤感地说。

“你本来就懒散，没有体育才能，你还自以为是！”点点妈说。听到接力比赛失误，点点妈还斥责道：“组织训练没做好，你还想当体育委员？”

点点很失望。

运动会过后，点点妈与班主任商量撤掉点点体育委员的职务，班主任认为虽然此次校运会成绩不是很优秀，但点点体育委员当得相当出色，舍不得撤他。点点妈软磨硬泡坚决要求撤掉，最后班主任以学习受影响为由撤掉了点点体育委员职务。

点点回家很没劲，拖着疲惫的身子进入房间，把房门关起来，饭也不吃，作业也不做。以后上课也不听，回家也不写作业了，不是听歌就是上网……

镜头二

明明的爸爸是音乐老师，钢琴专业的，平时经常利用业余时间辅导学生弹钢琴。明明爸从小就在观察明明的音乐天赋，他发现虽然是在音乐家庭的熏陶下，但明明似乎不怎么喜欢弹钢琴，而是更喜欢画画。明明爸也不着急，打算过一段时间再说。

明明爸当然知道孩子学弹钢琴的好处，弹琴可以培养听觉的专注，通过手、眼、耳、口、脑、身的协调并用，能锻炼人的协调能力、理解力、反应力、记忆能力和创造性思维能力，能培养孩子的非智力因素，培养人的气质，陶冶人的性情。

明明虽然对钢琴不怎么感兴趣，但兴趣是可以培养的，所以明明爸当然有自己的打算。眼看明明要上小学了，明明爸开始让她学钢琴。从安排进度看也不快，明明刚开始还是抱着尝试的心理弹弹看，但不久就觉得很枯燥，没有画画那么有趣，渐渐地不耐烦了。

平时上学时，明明爸都让明明先写作业，写完作业再弹钢琴。明明由于对弹琴没兴趣，老是拖拖拉拉的，写作业的速度也渐渐慢了下来，小学四、五年级时晚上写完作业都 10 点了，再弹 40 分钟钢琴，真是辛苦啊！

可是明明爸一次也不让她落下，他想：自己教别人家孩子，他们都学得很好，怎么自己的孩子就这样子，就不耐烦了？明明不想弹时明明爸的训斥还不算什么，有时还用鸡毛掸子打。渐渐地，明明看到钢琴就厌烦。

上初中后，明明的学习成绩一般。爸爸心想：弹钢琴也许是一条可以补救的发展之道。经过他辅导的学生，考上音乐学院的也不少，明明爸与不少艺术学院的关系也有一定的基础，所以他不让明明放弃学钢琴。他想，明明已经上初中了，应该会比较懂事，会理解爸爸的苦心。

可是初中学习任务更重了，加上自我意识增强，明明对弹琴更没兴趣了，用在弹琴上的时间也越来越少。明明还常常因为弹钢琴的事与爸爸对峙。明明爸安排给明明的任务不多，一周就学两段乐曲，可是即使是这样也往往很难过关。这不，今天明明正在弹琴，由于心急、应付，节奏就有点乱了。这段曲子已经学了一周时间了，还弹不清楚，明明爸的火气又上来了……最后明明噘起嘴走进房间反锁起来任他叫骂也不开门。她想：我即使琴弹得和你一样好，又有什么用？

镜头三

豆豆从小就爱唱歌，平时总是曲不离口，妈妈笑称他是个小歌星。可是到了小学六年级，学习压力很大，他的学习又很一般，渐渐地，他比较少唱歌了。

上了初一，豆豆喜欢上了周杰伦和他的歌，他最喜爱周杰伦的《七里香》和《蜗牛》，这是两首励志的歌，豆豆最近总是哼着这两首歌。

豆豆妈鼓励豆豆："人人天生就是歌唱家，可以大声地唱出来！"

在妈妈的鼓励下，豆豆在洗澡的时候也渐渐地唱起周杰伦的歌，而不仅仅是"哼哼"而已。

"你喜欢周杰伦什么？"豆豆妈问。

"酷。"

"那算什么酷啊！"

"反正我就是喜欢！"

今天，豆豆妈让豆豆和她一起上网查有关周杰伦的资料。原来，周杰伦曾经被台湾知名艺人吴宗宪无情地否定过，当时周杰伦要出道时，曾到过吴宗宪的音像公司，在试唱自己作品时，吴宗宪说："怎么唱得比狗叫还难听，从来没有听过这么难听的。"唱了一半就被叫停了，但周杰伦并不灰心，也不认为自己的歌难听："我觉得我唱得很好啊！"后来他一路执著，终于走红，在年轻人中风靡一时。中小学生喜欢他是什么原因？其实是他的强烈的自信，并且在超级自信的前提下不断超越自我。

“你看完有什么感受？”豆豆妈说。

豆豆说：“对，我也喜欢他的自信。”

“他不怕失败和挫折！”

豆豆妈买了周杰伦的画像让豆豆贴在墙上，在下面贴上“自信、坚持”四个大字。

豆豆妈鼓励豆豆用周杰伦的自信去做好每一件事，并经常让豆豆从能胜任的活动中体验到自信、拼搏、坚持的成功滋味，再迁移到学习上。在孩子有了多次成功体验后，又鼓励孩子去提高学得比较好的功课的成绩，比如历史、地理、生物。不久，豆豆的学习有了进步，也有了兴趣。

接着豆豆妈渐渐地引导他攻克其他科目，先是英语科。豆豆妈与豆豆一起拼读单词，再写和读记单词，发现豆豆很快就能记住单词，进而一起读课文、理解语法，慢慢地，豆豆对原先最害怕的英语有了兴趣，成绩也在慢慢进步。豆豆有了成就感，渐渐对学习有了信心。而他的歌也唱得越来越好，在班级里还小有名气呢！

【心理对对碰】

兴趣是一种动力，是人们生存和发展的内在的重要驱动力，当孩子处于兴趣状态时会付出极大热情。

点点对体育很感兴趣，上体育课、参加运动会和体育训练，一直处于兴奋状态，能够体会到运动的乐趣和愉悦的心情，因而能够在这些活动中发挥自己的潜能并进行有创造性的活动。从点点对参加校运会的组织、动员和投入工作都可以看出兴趣对调动一个人的积极性和创造潜能的促进作用。但是点点妈忽视体育兴趣对发挥点点潜能的作用，只认识到学习的重要性，而且把学习和体育运动对立起来，担心点点把时间和精力投入在体育运动会影响学习，更没有引导点点把对体育的兴趣迁移到学习上来，不尊重点点的兴趣和独立意识，面对点点对体育兴趣的问题采取简单粗暴的办法，打压孩子的体育兴趣，还要老师撤掉孩子的体育委员职务，这种简单粗暴的办法不仅直接影响亲子关系，还影响孩子的学习兴趣，甚至影响孩子的生活乐趣，这是不可取的。

明明对画画感兴趣，但作为经常辅导其他儿童弹钢琴的老师，明明爸一厢情愿地为明明选择兴趣爱好甚至是未来发展方向，但明明的兴趣没有因为家庭的熏陶、父母的教育而培养发展为音乐兴趣，反而因明明爸代替自己的选择而产生对立情绪，最终因不能发挥自己的主观能动性，不仅钢琴学不好，学习也受影响，同时也加剧了与爸爸之间的对立。

豆豆从小喜欢音乐，妈妈注重引导豆豆对周杰伦崇拜的理性思考，认识周杰伦的成长历程和人格形象，即自信、拼搏和执著。豆豆妈鼓励孩子用他喜欢的歌手的精神认真做好每一件事。豆豆妈鼓励孩子在多次体验到自信拼搏的成功以后，慢慢迁移到学习上来，让孩子在学习中体验到成功，产生和发展学习兴趣。

【专家面对面】

爱因斯坦说：“推动我进行科学工作的是一种了解自然奥秘的抑制不住的渴望，而不是别的感觉。”居里夫人说：“科学的探讨研究，其本身就会有至美，其本身给人的愉快就是报酬。所以我在我的工作里面获得快乐。”可见，兴趣是引发行动和探讨事物的动力，也是创造性活动。在全神贯注、兴奋不已的兴趣状态下，人们思维活跃，思路开阔，联想丰富，充分发挥潜能和才智，会获得更深刻的领悟和独到的见解，学习效率提高。而且这种全神贯注、兴奋不已的状态能使人的活动处于愉悦状态，获得创造性的成果，也是对兴趣最好的回报，同时也对兴趣活动起到维持和推动作用。

那么，家长应该如何激发和保护孩子的兴趣呢？

一、尊重孩子的自主意识和独立性。

培养孩子的学习兴趣，首先应尊重孩子的自尊心和独立意识，特别是孩子到初中阶段已有强烈的自尊心和自主意识，所以家长要与孩子平等相待，不要摆“家长”架子，要把孩子当做有尊严的独立个体，小心呵护孩子的自尊心和独立性，发现并保护孩子的兴趣爱好，发挥孩子的创造性和潜能。

二、尊重孩子的兴趣。

兴趣是学习的一种主动性和驱动力。魏书生说：“兴趣像柴，既可点燃也可捣毁。”当孩子对所学的内容产生兴趣时，就能发挥积极主动性，思维活跃起来，进行创造性学习，记忆和思维的效果就会提高。所以家长要尊重孩子的自尊心和兴趣爱好。有些父母一味地为孩子“选择”兴趣，用家长的眼光和标准来评判孩子的兴趣，对孩子的兴趣随意否定和扼杀。这些父母选定的“兴趣”不是孩子自己的兴趣，因此孩子提不起兴趣来，无法发挥自己的积极性和主动性。因此，家长要尊重孩子的兴趣和选择，对孩子的兴趣要助兴，不要扫兴，要给孩子自由宽松的空间。家长要注意自己的言行态度，尊重自己孩子的个性特点和发展的不平衡性。不要拿自己的孩子与别人比，对孩子流露出不满、贬低，这样会伤害孩子的自尊心。孩子学习成绩不好或有失误，不要随意打骂和斥责，否则会使孩子对学习失去信心，没有学习兴趣，造成自暴自弃。家长要多陪孩子一起参与，一起分享，要多发现孩子身上的闪光点，不要吝啬对孩子的表扬，要对孩子多鼓励少指责。

三、多让孩子体验成功的经验。

要从孩子的实际出发，了解孩子的兴趣、爱好、天赋和智力发展程度，尊重孩子的愿望，让他在做一些力所能及的事情中体验到成功的经验，使他尝试到“跳一跳，能摘到桃子”的喜悦，然后逐步提高。“欲速则不达”，对孩子的学习逼得太紧，提出过高要求，只会使孩子产生焦虑、畏惧或逆反心理。在方法上，要根据孩子的年龄特点和心理发育规律采取孩子喜闻乐见的方式，运用启发式的方法让孩子在兴趣中动脑筋思考，发现问题解决问题，获得成功的体验。而不是不顾孩子的承受能力或意愿，强行施加压力和“硬塞”，这不仅不能引起孩子兴趣，反而使他们产生厌恶情绪。

四、保护和启发孩子的好奇心。

兴趣是人的内心选择和倾向性，而兴趣的源泉是好奇心。正如苏霍姆林斯基说：“他们带着一种高涨、激动的情绪从事学习和思考，对面前展示的真理感到惊奇甚至震惊。”孩子生而有探索世界的天性——好奇心，只是发展方向不平衡而已。正是有探索自然的天性，才驱使孩子带有感情色彩地积极探索某种事物和活动，才会产生揭示自然和人类奥秘的强烈欲望。可见，好奇心是引发和推动兴趣实现创造的源泉。对孩子来说，外在的一切都是新鲜和奇妙的。当孩子出现探索和追问的行为时，家长应该精心呵护孩子的好奇心，与孩子一起去探究、去惊奇，用孩子的眼光来观察世界，去共同探讨、共同得出结论，而不是简单地将结论告诉孩子，甚至认为孩子的问题很幼稚、天真而一味否定、呵斥。

五、运用迁移法把孩子的原有兴趣与学习兴趣联系起来。

把孩子对其他方面的兴趣转移到学习兴趣上来的方法叫兴趣转移或迁移法。有的孩子爱好唱歌，那么多唱一些英语歌曲就会增加外语学习的兴趣。把对某一方面的兴趣的体会或经验表达出来，就会转移到语言或作文的兴趣上来。把发展某一方面的兴趣并取得成功的经验转移到学习中来并尝到成功的体验，就能形成自己学习的兴趣和方法。因此，家长要尊重孩子的兴趣，因势利导、善于联系，鼓励孩子在发展兴趣中总结经验并运用到学习，培养和发展新的兴趣。

六、给孩子创造良好的学习环境。

孩子的兴趣是在所处的环境和成长经历中形成的。家长要培养孩子的学习兴趣，要为孩子创造良好的学习环境。家长必须消除可能影响孩子学习的干扰因素，给孩子一个比较安静的环境去学习。同时家长要以身作则，为孩子创造良好的读书气氛，使孩子在良好的学习氛围中得到熏陶。

【想与做】

想一想

让孩子列举自己最感兴趣的10项活动，对比小学阶段的兴趣，发现有什么变化？分析兴趣对孩子成长和个性发展的影响。

做一做

与孩子一起讨论孩子最感兴趣的活动，反思父母的态度对孩子从事这项活动的影响，从而制定出相应的调整对策。

怎么回事？
难道那些钱不够
他吃饭吗？

谁动了我的奶酪

【长镜头】

初一年级的孩子开始步入了“心理断乳期”，渴望获得尊重和独立。于是，他们有了不愿与家长交流的小秘密，与同学打电话时，原来敞开的房门开始关上了，写日记的本子也上“锁”了，自己的心事也不会主动向爸爸妈妈汇报了……家长有时想通过孩子的日记或信件来了解孩子的情况，便会遭到他们的极力反对：“这是我的隐私，你们无权偷看！”家长感到莫名其妙：原来乖巧听话的“小可爱”咋就变成这样不可理喻呢？因为父母爱孩子，所以就想掌控孩子的一切。面对着种种因为孩子突然高涨的“隐私权”而出现的矛盾和冲突，作为家长，应该如何处理？

【家庭万花筒】

镜头一

自从上了初中以后，朵朵渐渐养成了写日记的习惯，可是每次写完，总是藏起来，不让父母亲看。有时妈妈看到她在写，随口就问：“写什么呀？”虽然只是一句无心的问话，朵朵却很烦躁地说：“没写什么，别看！”一句很生硬的话把妈妈对她的关心拒之于门外。而有时，朵朵妈看到女儿房间地板很脏，好心进去帮忙打扫卫生，朵朵却不高兴地朝妈妈挥挥手，说："妈妈，你进来干吗？出去出去。"

看到朵朵这种态度，朵朵妈真的很纳闷，这孩子葫芦里到底卖的是什么药呀，这也不行、那也不行，好像妈妈是她的天敌似的，是不是有什么"不可告人"的秘密瞒着我们？万一以后出了什么事，那可是后悔都来不及了。"对了，我应该找个机会好好看看朵朵的日记里到底写了什么。"朵朵妈暗暗下了决心。

今天，朵朵妈轮休不用上班，像往常一样，朵朵早早吃完饭上学去了。朵朵妈先拿起扫帚、抹布，把女儿房间打扫干净，把书桌上杂乱的书收拾整齐。她又打开抽屉，想整理一下，发现里面有一本粉红色的笔记本，好像就是朵朵平时在写的日记本。"今天她不在，我刚好可以趁这个机会看看她在说什么。"朵朵妈心想。于是，她打开了朵朵的日记，里面记载了朵朵进入初中后的很多烦恼，包括与爸爸妈妈发生的一些不愉快的事情，其中也流露出对他们的不满情绪，如：妈妈总是没有敲门就擅自闯入她的房间里，爸爸经常批评她动作慢，等等。看到这些，妈妈心里有说不出的无奈。

这时，有人在敲门，"是谁呢？"朵朵妈顺手把笔记本放在桌子上，转身去开门。哦，原来是朵朵回来拿手工作品——老师要求参加手工作品比赛的同学今天必须把作品交上来，朵朵忘了拿。"这么粗心……"妈妈嘀咕着，突然想到朵朵的日记本还放在桌上，"这下糟了！"她想，可是已经来不及了。朵朵已气喘吁吁地跑进自己的房间，嘴里念叨着："我的手工作品呢？"这时，她也看到自己的日记本放在桌子上，明白了："妈妈在偷看我的日记。"

"妈妈，你在干什么？在看我的日记？"朵朵生气地质问妈妈。

"没，没看……我在帮你打扫卫生……就算看了，又怎么样？我是你的妈妈，我有权力知道你的一切。”朵朵妈迟疑了一下，理直气壮地说道。

“我已经长大了，有自己的秘密，没经过我的同意，你不能偷看。”朵朵带着哭腔说。

“我是关心你，难道这样做也有错吗？”妈妈继续争辩着。

“你要尊重我的隐私权！”说完，朵朵一手拿起桌子上的笔记本，一手拿起手工作品，“砰”的一声，摔门而去。

朵朵妈一个人呆呆地站在那里，无助地“哎”了一声：“这孩子，怎么这么不懂事呢，我到底错在哪里呀？”

镜头二

刚上初一，豆豆的个子已经长到 1.7 米了，看上去是个堂堂男子汉，可是性格却内向得很，即使家里来了爸爸妈妈的亲戚朋友，也总是用小得几乎听不到的声音打个招呼，然后就消失不见了。豆豆妈总是担心这样的孩子以后怎么去适应社会，所以有空时总是跟他唠叨：“你要多向明明学习，你看人家很有礼貌，见到客人都会主动打招呼，学习成绩也好，经常是全年段第一名；还有朵朵……”而此时，豆豆也只是静静地听着，从不表态。

值得豆豆妈高兴的是，上了初一以后，豆豆有了一些志同道合的同学，经常一起打篮球，周末时豆豆也常到同学家里玩。最近，每到星期六早上，豆豆总会向妈妈要些钱，说是要和同学去书店看书，看完就在外面吃快餐。豆豆妈觉得儿子喜欢看书是好事，每当这时她总是很乐意地把钱给豆豆。不过时间长了，豆豆妈发现了一个奇怪的现象：豆豆每次看书回来，就到厨房里、冰箱里找东西吃。“怎么回事？难道那些钱不够他吃饭吗？”可是每次妈妈问他，他总是说“够了”。

又到星期六了，豆豆和往常一样跟妈妈要了一些钱出去了。豆豆妈心想：要不，我跟着他去看看究竟是怎么回事。于是，豆豆前脚出门，豆豆妈就紧随其后，与豆豆保持一定的距离。过了两条街，来到全市最大型的综合商场——“新天地”超市，豆豆走进去，上了电梯。“咦，豆豆去超市干什么？我又没叫他买东西。”豆豆妈心里想着，赶紧也跟着他进去。让她意想不到的是，在二楼的游戏厅，豆豆正在一台大型电子游戏机前兴高采烈地玩着，两手都忙碌不过来了，旁边几台游戏机前，都是那几个经常来找他的同学。豆豆妈气得说不出话来，呆呆地站在那里，不知如何是好，眼泪也差一点要流出来。看到豆豆一边玩，一边发出开心的笑声，妈妈终于忍不住了，几步窜到豆豆面前，生气地对豆豆说：“豆豆，你怎么跑到这里玩游戏，你不是说要去书店看书吗？”

“妈，你怎么来了？”豆豆刚才开心的笑容一下子凝结了，小声问道。

“我担心你会学坏，你看，你不是在欺骗妈妈吗？”豆豆妈气急败坏地说着。

“妈妈，你在跟踪我？”豆豆冷冷地说。

“跟踪你，又怎么样？赶快跟我回家！”妈妈拉着豆豆，命令道。

旁边的同学一个一个溜走了。只剩下豆豆与妈妈一直僵持在那里，最后豆豆还是被妈妈硬拉扯回到家里。

一进家门，豆豆妈开始数落起豆豆：“你怎么可以这样对待妈妈，我从小疼你，爱你，舍不得让你吃一丁点儿苦，可是今天，你太让我伤心了。”

豆豆低头听着妈妈的教训，一言不发。而妈妈是越说越激动。这时，豆豆抬起头，说：“妈，你说完了没？”豆豆妈一愣，豆豆接着说：“你从来就没有考虑我的感受，每次都是我的错，在你的眼里，我永远都比别人差，你也从来没有给我留下自己的空间，今天你又跟踪我，这是窥探我的隐私！我已经长大了，不要你管了……”从此，豆豆更加沉默寡言了。

镜头三

温暖的家庭是孩子避风的港湾，明明从小就在这个温馨的家庭里长大，父母的宽容、开明让明明受益匪浅。都上初一年级了，她还会经常用双手勾住妈妈的脖子说：“妈妈，我这一辈子都不想离开你们。”妈妈也会搂着明明，拍拍她的背，笑着对她说：“你这个傻孩子！妈妈也舍不得离开你啊，这不是天天陪着你嘛！”正是在爸爸、妈妈的关爱之下，明明性格开朗、活泼，每天都过得很开心，同学和老师都叫她“阳光女孩”。

像往常一样，今天明明妈一回家，就忙活开了，边做饭边等着他们父女俩回来。过了一会儿，明明回来了，愁眉苦脸的，妈妈一看就有点不对劲：“怎么回事？什么事把我们家的小公主愁成这样？”妈妈关切地问道。

“妈，没事。”明明勉强挤出一个笑脸，然后走进了自己的房间，开始整理书包，把今天要做的作业一样样放好，这是她从小学开始就养成的习惯，所以，进入初中后，她的学习成绩也还是一直保持在班级前列。

妈妈见明明没再说什么，就去忙其他事了，因为她知道明明如果真的有事的话，会主动来告诉他们的。

一如既往的，明明吃完晚饭，做作业、复习功课，每件事都做得有条不紊。直到临近睡觉之前，明明才拉着妈妈说：“妈，我有个事想告诉你。”“什么事呀，这么神秘。”妈妈笑眯眯地说。明明从书包里拿出一封信：“妈，今天我们班有个男生给我写了一封信，我不知怎么处理，正为这事发愁呢！你帮我出出主意，看看我该怎么去做。”明明妈打开信封，仔细一看，原来是一个男生欣赏明明的才华，表达了想和明明交朋友的意思，这让明明不知如何是好。

妈妈半开玩笑地说：“这很好呀，说明我们的明明很优秀，都有男生在关注了。”

“妈，你还在开玩笑，我都为这事愁死了。”明明边撒娇边“生气”地对妈妈说。

“嗯，这件事我们要认真来分析一下，如果处理不好，对你和这个同学都会有影响的。你知道拿出来与妈妈一起探讨，这是对的。”妈妈认真地说。

“妈，那你说我该怎么办呢?”明明茫然地问妈妈。

望着明明那求助的眼神，妈妈温柔地说道：“你也不用紧张，你可以坦然地告诉这位同学，四海之内皆兄弟也，我们是同学，也是朋友，但现在更主要的身份是学生，应该以学习为主，坦诚地跟他说清楚，他会明白的……”

经过妈妈的开导，明明已经知道怎样处理好这件事，妈妈会心地笑了。

【心理对对碰】

隐私，指的是不让别人或个别人知道的私事，也是藏在内心世界的欲望和由此引发的一系列行动的反映。据有关调查显示，绝大多数的中学生认为，好父母最重要的标准是尊重孩子的隐私。初一年级的孩子已经不再是整天依附在父母怀抱中的小鸟了，他们的自我意识开始增强，都想拥有自己的私人秘密空间，常常会用一些细小的举动为“隐秘的世界”勾画出一条“警戒线”，这条“警戒线”是包括父母在内的任何人都不能随便跨越的。但是，许多父母不能正确对待孩子的这种心理需求，总是千方百计地窥视、猜测孩子的隐私，强迫孩子按照自己的意愿和方式行动。父母的这种“爱心”，往往会使孩子产生强烈的逆反心理，不利于孩子的健康成长。这时，家长的尊重和理解就显得特别重要。

朵朵妈十分关心朵朵的成长，为了能够做到及时了解女儿的所思所想，一旦看见朵朵“躲躲闪闪”地写日记，就担心会有什么事瞒着她，所以在没有经过朵朵同意的情况下，私自翻看朵朵的日记，因而让朵朵非常伤心。其实，如果父母为了掌握孩子的思想而偷看孩子的隐私，往往会得不偿失。事实证明，这种做法会伤害孩子的自尊心，给孩子带来沉重的精神压力，甚至使孩子产生敌意和反抗。朵朵妈关心孩子的心情是可以理解的，但窥视孩子的隐私的做法则是欠缺考虑。对于处于青春期的孩子来说，家长应该多和孩子沟通，从而才能够及时教育好孩子。不要总是认为：他是我的孩子，我就有责任也有权力管他的一切。殊不知，这样不仅会阻碍孩子的成长，伤害孩子的自尊心，还会影响到自己和孩子之间的和谐关系。

每个父母都是爱孩子的，有些家长还会对孩子的未来深谋远虑，但是对于独立意识较强的初中生来说，如果父母过分关注，过度侵犯了孩子的空间，或者经常拿自己的孩子跟别人相比，就会导致孩子强烈的反抗，有时还会做出与父母意愿相反的行为。豆豆妈正是这种教育方式的典型，平时她对孩子的过度“唠叨”，使豆豆在家里没有成就感，又无处发泄，所以他选择到外面的游戏厅玩游戏，达到暂时的快乐和解脱，但是最终还是被妈妈“跟踪”发现了，在众目睽睽之下硬被拉回来。妈妈的做法并没让他“回心转意”，而是让他的自尊心再次受到伤害，认为妈妈是窥探他的隐私，因此，他表现出更为强烈的抵触情绪，从而把自己的心锁闭得更紧，导致与父母的关系进一步恶化。这样，父母想了解孩子就变得更加困难了。

明明妈对女儿的教育是明智的。她懂得每个人都有自己的私人秘密，更何况是处于青春期的孩子，所以如果孩子不想告诉父母的事，父母亲不能刻意去追问，否则效果会适得其反。明明能够感受到父母对自己的尊重和信任，因此也经常把父母当做她倾诉的对象，当她遇到困惑时都会及时地告诉他们。而当明明妈听到女儿班上有个男同学对她有好感时，并没有大惊小怪，而是站在孩子的立场上去理解她，耐心地给她指导和帮助，告诉她该怎么去做，从而及时解除了明明的烦恼。

【专家面对面】

很多家长都认为，自己想了解孩子隐私的初衷是好的，是出于对孩子的爱护。他们没有想到，实际上这些行为给孩子带来的心灵伤害，远远比给他们的“爱护”要大得多。家长偷看日记、偷听电话等行为，其实都是对孩子关心不够、缺乏信任的表现，容易造成孩子对家长的不满情绪，影响着亲子沟通。家长在侵犯孩子的隐私权的同时，也对孩子的心理和自尊心造成了很大伤害。著名教育专家孙云晓教授强调：“教育就是以爱育爱。”他认为，教育的秘诀是真爱，真爱就是把理解和尊重作为爱的前提，没有理解和尊重的爱会变得很可怕。所以，家长应像尊重成年人一样尊重孩子的隐私，而不是采取强硬手段或者偷窥的做法，如果强行这样做的话，孩子心灵的大门也许就会从此对父母紧闭，家长自叹用心良苦，结果却适得其反。作为家长，要学会尊重和理解孩子的隐私，好好保护属于孩子的那块“奶酪”——个人的隐私空间。

一、要尊重孩子的独立人格与隐私权。

进入初中后，孩子独立意识逐步增强，认为自己不是小孩子了，想摆脱对父母亲的依赖，于是他们原先敞开的心扉便渐渐关闭，把内心秘密隐藏起来，他们的“保密性”需求越来越强，如自己的日记和书信、与同学交往与谈话的内容等，往往不愿主动向父母披露。家长要认识到每个孩子都是独立的个体，他们有自己的行为方式和独立人格，同时也有自己的隐私权。作为家长，如果您想要得到孩子的尊重，您便首先要学会尊重孩子，把孩子当做成人，尊重孩子的隐私，给他们留下一定的个人空间，让孩子感觉到被认同、被尊重，他们的精神得到满足后，就会主动将一些困惑告诉你，也就没有所谓的隐私了。

二、做孩子的朋友，与孩子保持良好的沟通习惯。

尊重孩子的隐私权并不意味着家长对孩子的一切行为都不闻不问，放任自流，在承认他们的独立性的同时，也要客观地看到初一年级的孩子毕竟是未成年人，家长同样要给予爱的教育。这就需要家长以平等的态度主动与孩子交流，培养与孩子良好的沟通习惯。家长不该采取偷看日记、私拆信件等“间谍”手段来了解孩子，而应转换一下角色，以朋友的身份与孩子融洽相处，在充分尊重孩子人格的基础上，把孩子当做一个独立主体，俯下身子，与孩子平等地进行对话和情感交流。家长也可以谈一谈自己在与孩子同龄时的一些所思所想、成功和挫折，甚至谈一些当初的隐私，谈自己对事物的看法和想法，使自己成为孩子可以信赖的朋友。这时，孩子往往愿意把自己心中的秘密说出来，家长才能及时了解和掌握孩子的情况，并给予必要的指点和教育。

三、提高孩子自我教育和明辨是非的能力。

进入青春期的孩子，尽管自主意识增强了，但正确的人生观尚未最终形成。由于是非观念不强、自制与自控的能力都比较差，孩子在处理诸如学业、情感、人际关系等诸多问题时，还不可能把握好分寸。家长在获取有关孩子隐私的信息时，即使知道其中有些不良因素，也不必大惊失色，更不可殴打辱骂，而是应该与孩子一起讨论理想、事业、道德、人生观、价值观等问题，引导孩子自己悟出为人处世的道理。同时，家长在细心观察孩子思想动态的同时，要根据孩子的性格、爱好和特征，有针对性地采取相应的措施，培养孩子明辨是非的能力，使孩子提升自己的品德和修养，提高自我教育能力，具备不断排除和修正内心隐秘世界中非健康因素的能力，逐步形成健康、正确的人生观。

孩子终究是要长大的。孩子大了，内心里有不愿告诉别人的秘密也是自然的事情。每个孩子心中都有一个“秘密花园”，这些秘密并不是成长的异物，而是孩子成长、成熟的表现，也是孩子成长过程中的正常现象。孩子有“秘密”并不危险，危险的是家长对孩子“秘密”的过度想象和过激态度。保护好这个“秘密花园”，让它在阳光、雨露、温暖下健康茁壮地成长，才是每个家长最应该做的事。

【想与做】

想一想

1. 家长题：回顾自己初一年级的小秘密，当时父母对自己的隐私是采取什么样的态度呢？

2. 孩子题：你有没有什么觉得不能跟父母说的秘密？为什么不能说？

做一做

1. 家长题：如果你知道孩子有隐私但没有告诉你，你会采取哪些做法？把它们列出来。

2. 孩子题：尝试把自己的一个秘密说给父母亲听，看看他们有什么反应。

二等奖
全国奥数
二等奖
看看人家一涵，会唱歌会跳舞，这次参加全市小主持人大赛还上了电视呢！”
看看你毕毕表哥，奥数得了全国二等奖，而你呢？

我想成为谁

【长镜头】

进入初中了，许多孩子开始有了自己崇拜的偶像，有的整天哼唱着某个歌星的歌曲；有的理着某个球星的发型在足球场上潇洒踢一回……他们在房间里贴满了自己喜欢的明星海报，千方百计地搜罗偶像的信息，按照心中偶像的模样来打扮自己。爸爸妈妈见了，还以为哪个“外星人”降落在自己家呢！有时，孩子还会向爸爸妈妈津津乐道偶像的八卦新闻，如果爸爸妈妈流露出不解的神情时，他们会用一句“你们 out 了”来结束对话。面对着孩子的这些变化，家长不仅惊叹不已，而且也不知道应该如何应对……

【家庭万花筒】

镜头一

“射门！进了进了进了……”豆豆无声地呐喊，用力地挥了一下拳头。电视里，梅西和队友拥抱在一起庆祝，豆豆却来不及欣赏欢庆的场面，他关掉电视，蹑手蹑脚地回到床上，心还在兴奋地怦怦直跳，久久不能入睡。

早上，妈妈发现豆豆的眼睛红红的，不停地打哈欠，奇怪地问他：

"你昨晚不是很早就睡了吗，怎么好像很累的样子啊？"豆豆支支吾吾地说："没事，可能是有一只蚊子吧，昨晚老是在我耳边嗡嗡叫。""蚊子？这可是冬天啊。"妈妈边嘀咕着，边催促豆豆赶紧吃饭上学。

这样的情况在欧洲足球联赛期间并不少见。和很多年轻人一样，豆豆最喜欢巴萨和梅西，他在墙上贴着梅西的巨幅海报，穿着巴萨和阿根廷的队服，省下买汽水的钱去购买每一期的《足球俱乐部》，并从此迷上了踢足球。每天下午放学，他总要踢上几脚，才匆匆忙忙回家。半夜里起来看直播，豆豆觉得那只是铁杆球迷的一种最正常不过的举动。可是他的学习成绩随着他对足球的痴迷程度而直线下降。

一个周六下午，豆豆去踢球了，妈妈在做家务，这时，班主任的一个电话让豆豆妈妈坐立不安，班主任说："你家豆豆最近上课老是打瞌睡，学习也退步了不少，你要关心他一下。"放下电话，豆豆妈开始思考：是什么原因让豆豆变成这样呢？她的目光落在豆豆房间里的足球明星照片上，她有点明白了。她上网、上街，好一阵忙活。

天色已晚，豆豆抱着足球，大汗淋漓地回到家里，刚要换鞋子，一眼就看到桌上摆着一个耐克的鞋盒，他惊奇地问："妈，这是谁的鞋啊？"妈妈笑着说："你打开看看。"豆豆一打开，原来是一双真皮足球鞋，他一试，刚好合脚，看上去是那么帅气。他高兴得跳起来："是我的吗？妈妈万岁！"妈妈说："等等，你知道我为什么给你买这双鞋吗？"豆豆一想，对啊，前阵子自己缠着妈妈给自己买一双名牌足球鞋，妈妈嫌太贵没买，怎么今天……

他说："你是不是奖励我啊？"

妈妈说："奖励你什么？你最近考得不错是吧？"

豆豆一听，低下了头。妈妈说："豆豆，你是不是很喜欢那些足球明星？"

豆豆说："是的。"

"那你说说梅西为什么能成为超级巨星？"

一说到梅西，豆豆两眼就发亮了："你也知道梅西啊？他是个天才，妈妈，你如果和我一起半夜看球的话，就能知道他有多优秀……"糟了，说漏了，他一下子捂住嘴。

妈妈又好气又好笑，说："你经常半夜看球啊！"

"没有，只有几次……"豆豆小声地说。

"豆豆啊，我觉得梅西能成为巨星是因为他付出了艰苦的劳动。你肯定知道，梅西患有先天性侏儒症，要依靠注射生长激素才能长到一米六几。人在体育运动方面的天赋不同，成就也不一样，但他的拼搏精神值得你去学习。"

豆豆若有所思。

妈妈又说："我查看了一些资料，知道梅西5岁就开始踢球了，他是职业球员。而你是一名学生，你喜欢踢球，这没问题，但要有节制。每个人都可以喜欢踢球，享受运动的快乐和身体的强健，但不是每个人都要成为梅西，也不可能都成为梅西的。你有你自己的人生道路。这双鞋子送给你，你好好去踢球，也要好好去学习。"

豆豆点点头说："妈妈，我知道了。"

镜头二

自从在今年春晚看了刘谦的魔术表演后，点点就着迷似的喜欢上了这个大眼睛的魔术师。他找了很多魔术表演的书籍资料来看，也学会了几种拿手戏法。

点点是一个性格很开朗的孩子，这不，刚上初一，很多同学就和他成了朋友，也成了他的粉丝，他常学着刘谦的样子，笑眯眯地问大家："准备好了没有？见证奇迹的时刻到了！”只见他左手心放着一枚硬币，右手心什么也没有，他嘴里喊着“一、二、三”，手掌一翻，握成拳头，等他再一亮左手，硬币已经没有了。这时，他向右手吹了一口气，摊开掌心，硬币已经在瞬间“搬家”到了这里，速度之快，让周围的同学惊叹不已。还有扑克牌、橡皮筋等，都是他的常用道具。

点点喜欢把头发梳成刘谦的发型，喜欢学着刘谦的腔调和别人说话。他每天都在查寻刘谦的最新消息，刘谦的兴趣爱好是什么，最近在哪里表演，表演什么内容，他都一清二楚，几乎把所有的注意力都放在自己何时能成为真正的“刘谦”上。他不断练习新的小魔术，期盼着在每一次的班级活动中展示给同学。

可是，好景不长，点点的学习开始跟不上同学，每次的单元考试都是最后一名。爸爸妈妈面对着儿子的一片“红灯笼”，心里很着急，他们深知，初一是从小学到中学的过渡期，非常关键，开始阶段如果基础打不好的话，将会影响到后期的学习。所以，爸爸索性把有关刘谦和魔术表演的一切东西全部没收，严肃地告诉他说：“等成绩有了进步，我才会把这些东西还给你。”这下子，点点整天像丢了魂似的，书也读不下，人也无精打采的。

点点妈看在眼里，急在心上，这该怎么办才好？点点又是那么喜欢刘谦的魔术，可是学习也不能丢下不管呀！最后，她和点点爸爸商量：要尊重孩子的兴趣，但是学习也不能荒废，先把东西还给点点吧，但是必须与他“约法三章”，这“三章”是这么规定的：

1. 保证每天要有足够的学习时间，保质保量完成学习任务；

2. 学习成绩要有所进步，期末考试不能低于班级平均分；

3. 在确保完成以上任务后，点点可以自己安排时间观看刘谦的表演、练习魔术。

听到还可以和自己心爱的刘谦在一起，点点欣然地接受爸爸妈妈的“约法三章”，他也知道了爸爸妈妈的态度，不敢再像以前那么疯狂了，于是逐渐做到学习、魔术两不误，他的生活过得更充实，每天先保证学习，再利用课余时间去玩魔术。随着头脑的渐渐冷静，点点才真正明白，在魔术界拥有“魔术活字典”称号的刘谦，他的独特之处在于非凡的国际视野及不断的自我充实，他为了充实专业知识，同时涉猎音乐、舞台美术、剧场、工业设计、电视、广告、摄影等相关领域的知识。刘谦的不断钻研精神深深地影响着点点，点点也把他对魔术的喜爱和这种钻研精神用到学习上，学习成绩很快得到提高。

镜头三

朵朵是个很内向的女孩，都读初一了，家里有客人来，总得妈妈提醒她：“朵朵，叫声阿姨啊！”“朵朵，快叫伯伯。”她才小声地打个招呼，又跑回自己的房间，关上门看书。她长得很一般，又不爱打扮，站在哪里，都不是人家注目的对象。在班级里，她的成绩不好也不坏。只有老师点她的名，她才会起来回答问题，更多的时候是静静地听讲。老师也习惯了她的沉默，只有偶尔一两次她考得很好时，才会想起：哦，朵朵，这个安静的小姑娘。朵朵觉得这样很好，她习惯了默默无闻。

可是妈妈却很焦虑，“看看人家一涵，会唱歌会跳舞，这次参加全市小主持人大赛还上了电视呢！”“看看你毕毕表哥，奥数得了全国二等奖，而你呢?”每当这时，朵朵总是低着头，什么也不说。看看别人家的孩子，不仅成绩出类拔萃，而且特长多多，唯有自己家的孩子，好像没有一样值得炫耀的地方，朵朵妈心里可着急了。后来她打听到自己的一位同学在某所中学教音乐，还是市里的音乐家协会副会长，有不少孩子都在跟她学唱歌，她一听，高兴极了，没有征得朵朵的同意，拉着朵朵就跑到她同学家里拜师学艺。当歌星也不错，很容易出名，看看电视上的什么“超级女声”、“星光大道”，几首歌就可以受用终生了，这是朵朵妈的想法。可是朵朵根本不喜欢唱歌，才上了两次课，她就再也不想去了，妈妈训斥了很久，也不管用，真是“朽木不可雕也”！后来，她又带着朵朵去参加奥数班、学羽毛球……朵朵总是没有兴趣学下去。朵朵妈无可奈何，整天唉声叹气，对自己的女儿失望到了极点。

其实，朵朵自己不想成为什么明星，她只想做一个普通的人，过自己想要的生活。可是，妈妈不理解她的想法……

【心理对对碰】

偶像崇拜本是青少年心理发展过程中的自然现象，进入初一年级的学生纷纷效仿各种各样的明星。他们经常通过“收集偶像信息”、“谈论偶像话题”、“购买偶像的相关产品”等形式满足自己的偶像崇拜。但由于青春期存在盲目、狂热、叛逆等特征，使得有些孩子丧失理智，把大量的时间投入到对良莠不齐的所谓“明星”的崇拜和追逐上，给他们自身的学习、生活带来某些负面影响，这必然会引起众多家长的担忧。

豆豆对足球的狂热，表现为把梅西作为自己的偶像，深更半夜起来看球赛。豆豆妈对待豆豆偶像崇拜的态度是理性的，对孩子的偶像崇拜行为原则上是支持的，当她得知豆豆因热爱足球、崇拜梅西（甚至熬夜看球赛）而影响了学习时，并没有正面批评和阻止他，而是及时引导他多学习偶像的长处，让豆豆明白：偶像崇拜不仅仅是学习他外在的东西，更应该学习他内在的拼搏精神，并把偶像的精神力量转化为自己拼搏努力的动力。可以说，豆豆妈对孩子的教育是及时和中肯的。

对魔术师刘谦的崇拜不仅仅只有点点一个人，自从刘谦上了春晚之后，无数少男少女为之疯狂。怎样让孩子从舞台上的魔幻光环回到现实的生活中来，这确实是一件令父母挠头的事情。点点的父母一开始采取的是强制的办法，把影响孩子学习的东西从他身边拿走，但这并没有从根本上解决问题，点点眼不见、心还想。随后，他们通过反思，采取因势利导的方式，与点点“约法三章”，以较为合理的策略让点点做到学习、兴趣两不误，这样既可以尊重孩子的爱好，又不至于让学业荒废。

与上述两个事例不同，朵朵是个很文静、很普通的小女孩，也不像很多同龄人一样有自己崇拜的偶像，她成绩一般，没有什么才艺特长，在她父母的眼里，简直没有一样值得他们骄傲的地方，这也是他们失望的原因所在。所以，朵朵妈采取简单的处理方法，没有征得朵朵的同意，带着她到处拜师学“艺”，想让她能够成为他们可以“拿得出手”和别人作比较的女儿，可是到头来也是白费劲，因为朵朵并不想成为什么小明星，她只想做一个普通人。其实，朵朵的这种情形并非孤立的个案，网络上流传的一篇《我想成为坐在路边鼓掌的人》的文章中，那个外号叫“23 号”的女孩与朵朵就很相似。“23 号”在学校里只是一个中等生，在班级里总是考第 23 名，让父母亲伤透了脑筋，为了让她像其他孩子一样出类拔萃或者引人注目，他们采取了揠苗助长的方式，效果可想而知。后来在一次家庭聚会中，女儿的宽容、无私让其他孩子的家长赞叹不已。最终父母才明白：孩子自己不想成为英雄，她只想成为坐在路边为别人的成功而鼓掌的人。这一刻，父母被感动了，他们意识到：“这世间，有多少人，年少时渴望成为英雄，最终却成了烟火红尘中的平凡人。如果健康，如果快乐，如果没有违背自己的心意，我们的孩子，又何妨做一个善良的普通人。”所以，作为父母，或许可以参考这种教养方式：让孩子在漫长而又短暂的人生历程中，安然地过着自己想要的生活，只要能给孩子好的教养，让他们长大后成为社会上有用的人即可，并不一定让他们都成为“英雄”；而那些“英雄”，也需要有能够欣赏他们的人。

【专家面对面】

人生是一个不断模仿、学习与创新的历程。初一年级的孩子在成长的过程中，心智尚未完全成熟，可塑性强，容易受到外在因素的影响而改变。面对复杂多变且竞争激烈的现代社会，需要家长的引导与激励，孩子才能健康成长。家长对孩子的偶像崇拜进行正面引导，紧紧把握孩子偶像崇拜出现的新动向，有的放矢、艺术性地化解“追星”中的负面影响，有助于他们良好行为的塑造，让他们逐渐从偶像崇拜这一特定的现象中走出来，正确地对待偶像。而另一方面，反而是有些家长存在着“追星”现象，把明星甚至是别人家的孩子当做自己孩子要努力实现的目标，要求孩子向他们靠拢，这实际上是在代替孩子思考。

在此，我们对家长提出几点建议：

一、理智认识孩子的偶像崇拜。

“偶像崇拜”是青少年阶段出现的正常现象，和他们自身心理发展的特点有很大的关系。这一时期人的自我意识高涨，想要长大成人，想要成为理想中的“我”。当他暂时无法达成理想，他会寻找自己喜欢的偶像，作为理想自我的替代。同时，他们正处于“心理断乳期”，当他急于和父母划清界限，不想再依赖父母的时候，他要找到一个替代品。从这个角度讲，“偶像”就成为家长的替代品。此外，和身边的环境也有很大的关系。比如朋友都崇拜周杰伦，自己不想表现得很另类，就需要和他们有共同的兴趣、爱好，于是也会不自觉地去崇拜周杰伦。这是环境、群体压力产生的一种心理现象。

二、 正确定位孩子的偶像崇拜行为。

“偶像崇拜”有两种，一种崇拜的是偶像的外表、动作，如果这种模仿过多，可能就会陷入到一个误区里。另一种是崇拜偶像人格中的内涵，尽管偶像遇到很多压力、困难，但他们克服种种困难，最后取得了成功。如果这样的坚持、毅力、努力以及不到最后关头绝不放弃的信念成为青少年崇拜的对象，那么，偶像身上的内涵对青少年是具有积极的影响的。

调查结果显示：初一年级的学生追星并不都是狂热的，多数只是简单的崇拜而已，处于“追而不狂”的理性范围内。家长大可不必谈“星”色变。从他们崇拜的对象来看，体育明星、政界领袖、商业奇才、电脑高手、文化名人、优秀的同龄人、有成就的长辈等均开始成为他们的偶像。这种多元化的状态也表明越来越多孩子能够理性地看待偶像，不再将偶像无限地神圣化，而是关注那些身上有特质、值得学习的人。

三、家长应走入孩子的内心世界。

其实，很多家长不见得反对孩子追星，而是担心追星带来的荒废学业、浪费金钱，甚至走火入魔、不能自拔种种后遗症。因此，如果引导孩子读懂家长的担心，并能主动就追星和家长做一个很好的交流，亲子冲突就不会太激烈，说不定还会因此促进亲子沟通。

家长要了解孩子的兴趣和需求，多层次多维度地关注孩子的身心成长，注重与孩子心灵上的对话、交流，这是提供让孩子发现差别、反省自我的途径。家长应关注孩子崇拜偶像的动机，引导他们学习偶像的长处，逐步增强崇拜的理性认识。要协助孩子认识自己，培养健全的自我概念，增进自我选择与自律的能力，才不至于因丧失自信心而盲目崇拜，失去自我意识。

四、家长应协助孩子寻求适宜的偶像。

家长要用心为孩子解说或提供作为研究讨论的题材，让孩子从偶像崇拜中产生正面的效益。要及时矫正孩子偶像崇拜的过度行为和方式，使他们能够理性地思考，从模仿外在的形态到注重内在素质。比如要重在对偶像优秀精神方面的参照和学习，而不是对于其服饰、发式乃至其他的一切都去模仿；比如偶像崇拜不可痴迷，不可忘记、放弃了自己的人生内容和目标。同时，家长要尊重孩子的自我选择。

【想与做】

想一想

1. 家长题：自己初中时期有没有偶像崇拜的情况，现在回想起来是什么感觉？对比自己上初一年级的孩子，有哪些异同？结合自己的成长经验，你认为孩子的偶像崇拜对孩子成长有哪些利弊？

2. 孩子题：你想成为什么样的人？为什么？

做一做

1. 家长题：现在社会上有哪些人对孩子的健康成长有示范作用，把他们列出来，并写出他们的优点，提供给孩子作为学习的榜样。

2. 孩子题：你有没有崇拜的偶像？如果有，他们身上有哪些优点值得你学习，把它们写下来，说给爸爸妈妈听，再与他们共同探讨怎样把偶像的优点和自己的实际相结合。

今天上学开心吗？上课听得懂吗？
做作业前要先复习，然后再动笔，上课要注意听！
好了，别啰唆了，知道了，听得耳朵都出茧子了。

妈妈的“唠叨”

【长镜头】

初中阶段是孩子的生理发育的高峰期，大概 2～3 年内孩子的身体发育基本完成由儿童向成人的转型；但心理发育相对滞后，身心发展不平衡、不协调，并随之衍生出一系列的心理困惑和矛盾，出现特殊的心理特征：自我意识、独立意识增强，自尊心增强，追求良好的自我形象；由于其心理发展相对滞后，认知决策和行动在实践上屡遭挫折，主观上则认为是成人或外界的阻力，所以反抗意识增强。可以说，初中生特殊的心理特征源于身心发展的不平衡，孩子对外界的反应表现为偏执而强烈的叛逆性，这个时间也被视为“危险期”。面对这样一个特殊的教育对象，父母难免会有不少话要说，特别是做妈妈的，出于女性特有的细心、关爱与忧患意识，妈妈的“唠叨”可以说是无处不在，由此而引发的矛盾也就不在少数了。

【家庭万花筒】

镜头一

进入初中的点点开始关注自己的形象，开始追求自己的独立空间和自由度。他对妈妈往日的关心照顾和教育有了新的感受，觉得妈妈变得很烦，妈妈的唠叨变得如此尖刻。

每天早上，点点妈在准备好早餐之后才把点点叫起床。有时候早点叫，点点还要赖床；晚点叫，点点觉得时间紧了怕来不及，也埋怨妈妈；不叫吧，又责怪妈妈没叫他起床；让点点自己设定闹钟，他却不肯。总而言之，很不耐烦。

点点妈总是无微不至地伺候着，准备好水，把他送出门，交代路上要小心，上课要注意听……

点点听着都觉得耳朵起茧了，每天都重复同样的话，烦不烦啊？

放学回来，点点吃饭、洗澡、做作业的动作都很拖拉，有时回来还要看看电视，作业要写到十一二点。因此，每当点点放学回来，点点妈都要把饭菜准备好，催他吃饭、洗澡。由于觉得儿子动作慢，点点妈每次都提醒点点要快一点，而且还严防他看电视，因此，点点经常与妈妈闹矛盾，觉得妈妈特别烦人。

由于点点做作业之前没怎么复习，写字速度又慢，导致他完成作业的效率很低下，点点妈看着揪心，有时反复提醒、督促他，点点更是觉得妈妈很唠叨。

周末作业比较多，而贪玩的点点觉得周末可以放松放松，总是不能安排好作息时间，经常一出门就玩到很迟才回来，因此经常拖到周日晚上才来赶作业，有时到凌晨一两点还写不完，第二天干脆就不去上学了。

因此，点点妈每到周末的时候总是很担心，经常督促点点要快点完成作业，点点越发觉得心烦，千方百计想溜出去，点点妈时刻盯紧点点。但防不胜防，他总会找借口出去，如与班长约好一起去同学家做作业或打球，而一出去就是四五个小时乃至一整天；有时甚至什么也不说，偷偷地溜出去。

妈妈对点点照顾、管理教育得很辛苦，但效果不好；而点点对于妈妈琐碎的照顾、管教甚至约束感到厌烦而啰唆，两人都觉得自己很累，而且都认为自己是受委屈的一方。

镜头二

上课铃还没有响，数学老师已提前走进教室分发课堂小测试卷，豆豆忐忑不安地坐在座位上。考卷终于发到他手里，总共才5题，却打着4个大红叉，豆豆很丧气。放学路上，豆豆一直怀揣着书包里的这个定时炸弹，他知道如果被妈妈发现了将会是又一番不厌其烦的数落。

吃过晚饭，豆豆来到书桌旁开始写作业，心里还是七上八下的。妈妈洗完碗走进来，开始检查他的作业。

豆豆已经读初一了，妈妈主要检查辅导他的英语和数学。豆豆的语文和英语还可以，最头疼的是数学，从小学开始，豆豆的数学基础就不太好。

豆豆正在写英语作业，豆豆妈妈顺手拿起书包检查，豆豆一下子紧张起来。很快豆豆妈就看到了这份课堂小测："又是5题错4题，你是怎么搞的，昨晚讲得那么详细，你不是说懂了吗？怎么考起来又是这样子呀？你有没有注意听啊？"

"昨晚讲的东西真的听得懂，可是小测内容不一样，时间又很紧。"豆豆觉得委屈，争辩道。

"一样的，你把例题搞清楚，方法、步骤掌握下来都是一样的，你怎么这么笨？以后初二、初三怎么办？高中数理化怎么办？怎么考大学？我看你是不想读吧，放学走路、吃饭、洗澡慢吞吞，是不是在消磨时间？是不是在逃避学习？"豆豆妈妈越说越气，也越想越气。

"你想想，为了你进这所重点初中的实验班，容易吗？把老家一处房子卖掉，把自己工作辞掉，到学校附近买了这个小套房，你老爸还在老家工作，我一个人管你吃、管你喝的，天天辅导你英语、数学，还不是希望你从初一起打下好的学习基础，将来考上名牌大学，毕业找份好工作。你竟然一点都不争气，而且成绩越来越往下掉……”

这样的唠叨，不知道发生过多少回了，豆豆越发像罪人一样把头垂得很低，眼泪像断线的珍珠一样掉了下来……

妈妈说着，赌气走开，去整理了一下房间，气才渐渐消下来，接着又开始检查起豆豆的英语作业，辅导豆豆的数学，豆豆每天晚上都要硬着头皮忐忑不安地熬过这一段时间……

镜头三

“今天上学开心吗？上课听得懂吗？”一家人正在吃晚饭，朵朵妈又打开了话匣。

“还可以。”朵朵答道。

“做作业前要先复习，然后再动笔，上课要注意听。”朵朵妈又开始叮嘱。

“好了，别啰唆了，知道了，听得耳朵都出茧子了。”朵朵觉得妈妈又开始唠叨了。

朵朵从小乖巧，父母很疼爱她，老师也很喜欢她。朵朵妈在她进入小学时就开始培养她的良好的学习习惯和生活习惯，朵朵很快学会了独立学习、及时检查作业和整理书包等好习惯，学习成绩很优秀。

进入初中后，朵朵以为凭借原来的学习方法和基础一定也可以学得很好，觉得爸爸妈妈的叮嘱是多余，而妈妈每次强调“要做到课前预习，课中注意，课后复习”实在是“唠叨”。

这天晚上，朵朵进去写作业，不一会儿出来找水喝，表情没那么轻松。

“作业完成得怎么样？”朵朵爸问。

“最近数学有点难，我还有几道题没完成，你可以帮我想想吗？”

“朵朵，爸爸建议你先把今天老师讲的内容复习一遍，好好把例题看一看，不理解的地方多看看，多想想，这样试试看，实在还搞不清楚时再跟爸爸讨论，行吗？”

“嗯，明白了，我去试试。”

半个小时过去了，朵朵依照爸爸说的去做，果真明白了原理，做起来果然顺利许多。不过还有一道应用题难住了她，她反复思考，到底还是做不出来。

朵朵于是垂头丧气地向爸爸“求救”。

“来，我们根据题意一起来画图看看……”朵朵爸向朵朵分析起来。

很快，经爸爸启发，朵朵豁然开朗，马上就理解了，这道题其实只是将教材例子加以变化而来。

“朵朵，现在想想这样做题难吗？”

“不难！”

“对，应该怎么样学习数学？”

“应做到课前预习，上课注意听，课后要复习。”

“以后预习的时候多花点时间，不懂的地方做记号，上课时要特别留心思考，多向老师请教，也可以跟同学们交流学习方法，知道吗？还有，对例题一定要举一反三，明白吗？”

“好的，谢谢爸爸，我会记住的，看来妈妈的叮嘱也不是唠叨！”朵朵使劲地点点头，爸爸、妈妈都会心地笑了。

【心理对对碰】

孩子进入初一年级后，面临着身心变化和新的学习竞争带来的各种压力，家长能否适应孩子的身心变化和环境的变化，实现观念上和教育方式的与时俱进，在教育效果上是很不一样的。而父母的“唠叨”往往是为了孩子的学习而发的，其中也需要一些技巧。

点点妈没有注重对点点学习态度和学习习惯、行为习惯的培养，从衣、食、住、行、学习样样包办代替，没有对点点在新的学习环境中的不良行为和嗜好进行有效的约束并加以积极的引导，对点点成绩不理想的主要根源认识不清并未能采取有效措施，长期盲目监管、包办代替，只能养成点点的惰性和依赖心理，使点点缺乏责任心，不愿意自理和独立思考，自控力和独立性都很差。进入初中后，点点自我意识和自尊心增强，想要维护自己的良好形象，很在意别人对自己的评价。因此，点点一方面依赖妈妈衣、食、住、行的照顾，另一方面对妈妈的监管、教育觉得腻烦了，容易对妈妈产生厌烦心理和抵触情绪。点点妈不能从根本上抓学习态度和学习习惯养成，点点就容易出现各种各样的行为问题，就会出现“头痛医头，脚痛医脚”这样低效而令人厌烦的教育效果，妈妈的唠叨就显得特别无力。

在当前知识经济时代，父母把一切希望寄托在子女身上。出于“望子成龙”的心理，豆豆妈妈为了让豆豆能接受好的教育，卖掉了房子，辞去了工作，在学校附近买房子专门陪他学习，因此对豆豆的要求比较高，近乎苛求，容易产生焦虑敏感的情绪，当豆豆的学习过程中出现一些错误或者失误时就会着急万分，不是采取细致耐心的鼓励、启发和引导，而是过分苛求和粗暴地斥责，常常不自觉地挫伤豆豆的学习积极性和自尊心。特别是豆豆妈经常在孩子面前念叨自己如何辛苦，如何牺牲自己照顾孩子学习，把整个家庭的希望寄托在孩子身上，无形中增加孩子的心理压力，当孩子达不到父母要求时，容易产生愧疚、自卑、恐慌、自责等心理，不利于进入好的学习状态，也不利于孩子身心的健康成长。同时孩子进入青春期后，在自我意识和自尊心增强的情况下，对父母的批评、斥责容易产生厌烦心理，觉得妈妈唠叨而烦心、苛刻而刁钻。

朵朵爸妈在教育孩子方面比较善于抓住根本，注意学习方法和学习习惯的培养，使朵朵在小学就养成了良好的学习习惯。在孩子进入初中、需要调整学习方法和学习习惯时，又进行了引导转型。朵朵以为凭借着小学阶段良好的学习基础和学习习惯同样能应付复杂的初中学习，觉得妈妈的叮嘱是多余的，显得很啰唆。但是在朵朵遇到学习困难时，爸爸建议她用妈妈平时常“唠叨”的方法尝试一下，让她体会到这种学习方法的功效，尝到了学习的快乐。这也说明朵朵爸不是包办代替或直接提供答案来帮助朵朵解决问题，而是针对具体问题采取适宜的方法，最后引导朵朵反思应该用什么方法解决数学问题，用什么方法应对初中学习，从而使朵朵顺利实现学习方法的调整，也使得她欣然接受爸妈的启发、引导，不再觉得妈妈的话是唠叨。

【专家面对面】

当今成人世界里激烈的人才竞争，使家长将希望早早地寄托在孩子身上，孩子的学习已经不是孩子个人的事情而是家庭的事情了。而初一年级的孩子不仅面临着激烈的学习竞争压力，还面临着新的环境、新的老师和同学的适应问题，更面临着自身微妙的身心变化，有时候情绪会变得暴风骤雨式而莫名其妙。因此，家长如果要教育引导好孩子，就要正确看待孩子学习的得与失，这时，妈妈的“唠叨”就要更加谨慎。

一、父母“唠叨”要了解孩子的身心特点，要遵循孩子身心发展规律。

在人一生中的大部分时间里，生理发展与心理发展的速度是相互协调的，因而使个体的身心处于一个平衡和谐的状态。但是初中阶段是一个极为特殊的阶段。初中生的生理发育十分迅速，在 2 ~ 3 年内就能完成身体各方面的生长发育任务并达到成熟水平，但是其心理发展的速度则相对缓和，心理水平尚处于从幼稚向成熟发展的过渡阶段，从而使身心处在一个非常不平衡的状态，引起种种心理上的矛盾：主要表现为身体外形的变化，希望尽快摆脱童年时的一切，扮演一个全新的社会角色，但是心理上的不成熟会带来种种冲突和挫折感；他们的自我意识增强，为维护自身的良好形象而追求独立和自尊，但他们幼稚的心理特点使他们的某些想法及行为不能被现实所接受，屡遭挫折，产生偏执的想法，认为其行为的障碍来自成人，因此产生了反抗心理。可见，反抗意识是来源于其自身的自我意识、独立意识的增强和对外界认识的偏执性，也是其确认成人的诉求。由于自我意识增强，初中生也迫切地要求享有独立的权利，将父母给予的生活上的关照及情感上的爱抚视为其实现独立的障碍，认为是家长的唠叨。

所以家长应遵循孩子身心发展规律和特点，才能有的放矢，不要以家长作风凌驾孩子之上，强迫孩子接受自己的想法，这样才能走进孩子的内心世界，加强沟通，使父母的“唠叨”不因此显得尖锐而突出。

二、父母“唠叨”要尊重孩子的独立要求和成人感的需要，与孩子平等沟通。

父母的唠叨在孩子看来是没有走进孩子内心，不能尊重孩子的需要，不能与孩子民主、平等地沟通。孩子进入初中后，独立性和成人感增强，反抗意识增强，这正是孩子走向成熟的表现。作为父母，要信任和尊重孩子的独立性和成人感，不要摆家长作风，以自己的想法强迫孩子改变，而是要以平等的姿态，以朋友的身份与孩子交流，善于倾听孩子的意见，理解孩子的内心矛盾，满足孩子的独立需要，让孩子能向家长打开心扉，接纳家长的意见，减轻孩子的反抗意识和逆反心理。同时由于孩子由幼稚向成熟转变，也由于学习和环境的变化，需要家长的引导和帮助，因此，家长应在尊重孩子的基础上注重其学习方法和行为习惯的培养和引导，让

“唠叨”易为孩子接受。

三、父母“唠叨”要抓住根本问题，培养孩子的兴趣和学习习惯。

父母教育孩子不是事无巨细盲目监管，而是要抓住孩子的身心健康成长的根本，教育孩子学会做人。在学习上培养孩子的学习兴趣，端正孩子的学习态度，引导启发孩子寻找适合自己的学习方法，养成良好的学习习惯，而不是衣、食、住、行、学习样样包办代替。否则会使孩子养成依赖心理和惰性，缺乏责任感，这样孩子容易产生各种各样的问题，家长容易犯“头痛医头，脚痛医脚”的毛病，孩子也会产生心烦意乱的烦躁心理，觉得妈妈的照顾教育是啰唆、唠叨。

总之，妈妈的“唠叨”是为了教育引导孩子的健康成长和学业进步，既然目的是积极的，那就必须遵守孩子的身心特点和发展规律，尊重和信任孩子，满足孩子成人感和独立的心理需求，与孩子平等沟通，注重引导孩子的人生态度和学习习惯，使孩子身心健康成长。同时，父母要以平常心看待孩子的得与失，还给孩子一个健全的人格。

【想与做】

想一想

1. 家长题：夫妻双方交流在成长过程中自己父母的“唠叨”的内容，重新体验和认识一下当年父母的“唠叨”。

2. 孩子题：妈妈的“唠叨”在哪些方面是对的，哪些自己觉得不合理，为什么？

做一做

1. 亲子共做：亲子换位思考，互相体会对方的难处。

2. 孩子题：试着把妈妈的“唠叨”全部落实一遍，看看有什么效果。

"六一"儿童节？都上初一了，还过"六一"儿童节？你们是不是太幼稚了？
老师说，今年的"六一"儿童节是我们最后一个"六一"节，所以我们要好好地庆祝，这不，我们举行了班队活动，节目精彩极了，我还当主持人呢！

最后一个“六一”节

【长镜头】

每一年的“六一”国际儿童节都是孩子们最期盼的节日，这一天，孩子们可以放下平时的学习任务，穿着漂亮的新衣服，接受老师和爸爸妈妈送的各种礼物，兴高采烈地度过属于自己的节日，这是孩子们过得最轻松和最快乐的一天。可是进入初一年级，就意味着要告别童年生活，进入人生的另一个新阶段，所以，今年的“六一”儿童节就成为孩子最后一个“六一”节。在这个特殊的日子里，有的学校和班级举行了各种庆祝活动和“告别童年”仪式，孩子们在欢笑与感动中挥别最后的“六一”，迎接灿烂的少年之旅；有的孩子则很想把自己的感受与爸爸妈妈一起分享，重温过去快乐的时光，同时也希望爸爸妈妈能够倾听他们的心声……

【家庭万花筒】

镜头一

朵朵是个聪明可爱的女孩，今年刚上初一年级，无忧无虑的小学生活就这样不知不觉结束了，她真的有点舍不得，因为童年留给她的回忆是美好的。那里有爸爸讲不完的童话故事，妈妈无微不至的照顾，让朵朵永远是个快乐的女孩。有时朵朵会偎依在妈妈的怀里撒娇，悄悄地对妈妈说："我要永远做一个小孩，我不想长大……"妈妈总是笑着说："傻孩子，就像妈妈也会变老一样，你总是要长大的，长大以后你可以做更多喜欢做的事。"这时，朵朵总会有一些伤感，随后又信誓旦旦地说："妈妈，你不会老的，我要做个'超人'，让你和爸爸都永远保持年轻。"朵朵天真烂漫的童言让妈妈的心里暖暖的。朵朵的童年就在这样的温情中快乐成长。

随着年龄的增长，朵朵知道的事情渐渐增多，她很有同情心，特别是对那些充满不幸的同龄孩子。记得小学三年级的时候，有一次，她看到妈妈在阅读一本叫《中国农民肖像》的书时，由于好奇，她也拿起翻翻看，书中有很多黑白照片，里面那穿着破破烂烂衣服的老人和小孩给她留下了深刻的印象，她天真地问道："妈妈，那是不是古代的人？那些小孩是不是孤儿？"妈妈的回答让她第一次认识到：中国土地上还有那么贫穷的地方，还有那么可怜的孩子，当时她的眼眶一下子充盈着泪水。后来她从电视、报刊中得知，可以通过邮局捐献"爱心书包"给贫困地区的孩子，于是从三年级以后，每年的"六一"儿童节，朵朵都会从妈妈那里得到100元钱，捐一个"爱心书包"给一位需要帮助的孩子。

今年，朵朵已上初一年级了，这次的"六一"儿童节是她最后一个"六一"节。而在朵朵妈妈单位里，每年到了"六一"，都会给家里有独生子女的员工发放"六一"儿童节过节费，不过也是截止到初一年级。现在，朵朵即将告别童年的生活了，要怎么过才更有意义呢？朵朵在思考，爸爸和妈妈也在商量：往年是捐献"爱心书包"，今年的"六一"是特殊的一年，怎么做才好呢？后来，爸爸提议：从现在开始，朵朵可以通过多做家务活等方式来获得物质奖励，争取积攒起来的钱到"六一"节能购买一个"学校型体育包"捐给贫困山区的学校，这是中国扶贫基金会推出的全民公益活动的一项内容，不过需要1000元，这个数字对朵朵来说太大了。可是，朵朵一听到这个建议，马上很爽快地答应了，她决定通过自己的劳动来完成自己的心愿。

于是，朵朵每天边用功学习，边努力地“赚钱”：倒一次垃圾有 2 元钱“收入”，帮妈妈打字，每千字可以赚 20 元，考试第一名奖励 10 元……这样，她每个月都可以拿到可观的奖励，终于在今年的“六一”节之前积攒了 1000 元钱，提前几天到邮局捐了一个“体育包”，她希望贫困地区的孩子在“六一”儿童节到来之前能够收到她的爱心包裹，这是她的心愿，也是她在最后一个“六一”节做的一件有意义的事。从邮局回来，爸爸妈妈看着朵朵兴奋得红通通的脸蛋，也高兴地笑了。

镜头二

今天，是个特殊的日子——6 月 1 日，是豆豆进入中学的第一个儿童节，也是他在孩提时代的最后一个儿童节。下午，学校各个班级都举行庆祝“六一”儿童节的班队活动和“别了，童年”告别仪式，豆豆所在的 1 班由豆豆和另外一名女同学当主持人，当豆豆深情地宣读：“时光匆匆，岁月印下了无数深深浅浅的脚印，我们迎来了最后一个期盼……”告别仪式序幕在欢声笑语中拉开了，节目丰富多彩，同学们个个兴高采烈的，欢呼声、掌声、歌声交织在一块儿，每个人的笑容都好似一朵朵纯洁的百合花，绽放在教室中的每一处角落。时间也在不知不觉中悄然逝去，最后以豆豆领唱的《童年》和《不想长大》歌曲结束了这场盛会，过完了这属于孩子们的最后一个儿童节。这一场班会，便成为豆豆与童年的告别仪式，在充满欢乐的同时，也萦绕着浅浅忧伤。

班队活动结束了，豆豆唱着《童年》，意犹未尽地回到家里，爸爸妈妈都已经下班。豆豆一进门，妈妈就问：“今天你怎么这么晚回来？”

豆豆按捺不住兴奋的心情，手舞足蹈地说：“妈，你不知道吗？今天是‘六一’儿童节。”

“‘六一’儿童节？都上初一了，还过‘六一’儿童节？你们是不是太幼稚了？”妈妈惊讶地问道。

妈妈的一席话让豆豆觉得有点扫兴，但想到刚才的热闹情景，豆豆还是很高兴地说：“老师说，今年的‘六一’儿童节是我们最后一个‘六一’节，所以我们要好好地庆祝，这不，我们举行了班队活动，节目精彩极了，我还当主持人呢！”豆豆得意洋洋地说道，恨不得把自己的精彩表演都说出来，让爸爸妈妈能够为他骄傲。

可是，妈妈并不为之所动，她觉得学习成绩好才是最重要的，所以正当豆豆说到兴奋之处时，她不耐烦地说：“还不赶快去做作业，都快7点了！”

“今天老师没布置作业，晚上可以放松一下。”豆豆解释道。

“放松？说得轻巧，都快期末考试了，你的学习成绩可不怎么理想呀，你还是把精力放在学习上吧，赶紧去复习功课……”这时，爸爸也发话了。

“嗯，好的。”豆豆像被霜打了的茄子一样，低着头拿起书包，躲进自己的房间。

镜头三

明天是“六一”儿童节了，对初一年级的学生点点来说，心里最大的愿望就是：要是爸爸明天有空陪他说说话，该多好呀！

点点爸爸在经商，有几间店面要打理。他整天忙于生意上的各种事情，基本上没有什么周末、假日的概念，每天晚上都要很晚才能回家。所以经常是这样的情形：早上的时候，点点去上学了，爸爸还在睡觉；晚上的时候，点点上床了，爸爸还没回来。点点是个很懂事的孩子，他一点儿也不怪爸爸，他知道爸爸这么忙，完全是为了让一家人过上好日子。可是这最后一次“六一”过后，他就不再是个小孩了，更不能像小时候那样亲近爸爸了，而爸爸永远都是那么忙……这次“六一”节的到来，让他觉得有点说不出的滋味。

“明天爸爸是否有空呢？”在做完作业、上床睡觉前，点点还是忍不住把自己的想法告诉了妈妈。妈妈也觉得点点爸平时太少陪陪儿子了，儿子的要求也是理所当然的。所以她说：“你先休息吧，等一下你爸回来，我再和他说说。我想他一定会同意的。”这一觉点点睡得很踏实。第二天早饭时，妈妈就告诉他，爸爸今天晚上要陪他一起过“六一”，点点高兴得一蹦三尺高。

当天下午，班级举行了“再见了，我的童年”班队活动，活动很成功，可是点点有点心不在焉的，合唱的时候他还跑调了。活动一结束，点点就迫不及待地赶回家了。

到家了，门开了，是妈妈，“爸爸回来了吗？”点点急切地问道。

“要等一会儿，爸爸刚打电话过来，说还有点事。”妈妈回答说。

点点有点失望，但他耐心地等待，因为他相信爸爸一定不会失约的。大概过了半个小时，妈妈已经把晚饭准备好了。这时，门铃响了，“爸爸回来了！”点点欢呼雀跃地去开门。真的是爸爸，手里还提着一个大蛋糕。他说：“今天是儿子的最后一个‘六一’节，我们应该好好地庆祝一下。”

“爸爸，你真好！”点点开心地说。

开饭了，点点一家人其乐融融地吃着晚饭，点点感觉今天的饭特别香，脸上始终洋溢着幸福的笑容，他好像从来没有像今天这么快乐。

爸爸举起装满可乐的杯子，大声说：“祝儿子节日快乐，学习进步！”点点正要说话，这时，爸爸的手机响了。爸爸看了看号码，叹了口气，还是接通了。放下电话，爸爸说现在店里刚到了一批货，需要他去验货，非走不可了。点点心里有点难受，但他还是强作笑脸说：“爸，你先走吧……”

爸爸开车走了，只留下他和妈妈继续吃着饭，不过他觉得吃什么都没有味道了。

【心理对对碰】

不少学校都在初一年级“六一”儿童节到来之际，为孩子们举行“别了，童年”之类的主题活动，让孩子们带着童年美好的回忆，也带着些微的迷惘和伤感，步入青春的殿堂。这个特殊的“六一”节过后，意味着以后不能再那么小孩子气，那么调皮捣蛋，不能再那么幼稚天真，做事也不能再像以前那么莽莽撞撞。家长不知道有没有意识到开学快一年来孩子的变化：孩子的心事多了，有些事情不爱跟爸爸妈妈说了，可是有时又希望爸爸妈妈与他们一起分享成长的快乐、听听他们各式各样的烦恼。而这时，当孩子的最后一个 “六一”节到来时，家长应该好好地利用这个契机和孩子作一个交流。

朵朵的父母平时很注重对孩子的引导和教育，自身的言传身教潜移默化影响了朵朵，从小就培养了朵朵的爱心和责任心，给她的童年生活留下美好的回忆，朵朵的成长是健康、快乐的。初一年级“六一”儿童节是属于孩子自己的最后一个“六一”节，如何度过才更有意义？这理应成为孩子和家长共同思考的问题。朵朵的父母善于利用这个难得的时机，给朵朵创设了一个通过自己的劳动来实现愿望的机会，让朵朵欣然接受这个“挑战”——“六一”儿童节之际捐献“学校型体育包”，这个需要 1000 元才能完成的任务，对于没有经济收入的朵朵来说难度是很大的，但是朵朵非常乐意地答应了，因为她能够把自己的爱心送给需要帮助的人，使自己体会到最后一个“六一”节特殊的意义和快乐。朵朵爸妈对孩子的引导是及时的，他们设置的条件也是合理的，朵朵通过努力是能够实现的，在这个“赚钱”过程中朵朵也提高了劳动意识，体会到“有付出就有回报”，达到他们预期的效果。

豆豆是个懂事的孩子，面对最后一个“六一”节，他很想把自己在班级活动中的精彩表现和快乐心情与爸爸妈妈一起分享，但是一向以学习成绩为重的爸爸妈妈却表现得过于冷淡，不善于利用机会，而只是简单地加以否定，他们的一席话打击了豆豆与家长分享成功与快乐的激情，使孩子原先敞开的心扉慢慢地关上，这种教育方式不利于家长与孩子之间的沟通与交流。其实，豆豆父母应该站在孩子的角度，学会倾听豆豆的心声，走进孩子的内心世界，尊重孩子，特别是在这么一个特殊的日子，允许孩子发表自己的意见，当孩子的诉求得到重视时，他们会有一种满足感，而这时家长可以因势利导，更好地教育孩子。

点点的心愿其实很简单：爸爸能在“六一”儿童节那一天陪陪他。可是对于忙于做生意的爸爸来说，孩子这么一个简单的愿望，却是给他提出一个难题，但最终他还是答应了，可见他还是有家庭观念的。点点听到这个消息时的高兴心情，充分说明孩子在成长过程中是多么希望父母能多陪陪自己，尤其是多么希望能得到一份平时十分稀缺的父爱啊！但是很遗憾的是，点点只是获得了暂时的快乐，爸爸最后没吃完饭又去忙生意上的事了，让他初一年级的最后一个“六一”节过得很无奈。儿童心理学家格赛尔说：“失去父爱是人类感情发展的一种缺陷和不平衡。”大量调查表明：没有父爱的家庭会严重影响孩子的身心健康，造成孩子性格心理的缺陷。孩子在成长过程中，体会到父亲对自己的爱，意义在于让孩子有一种心理寄托，获得安全感。他们的健康成长既需要母爱，也需要父爱。孩子渴望父爱同渴望母爱一样，父爱对孩子的成长是不可或缺的，是孩子健康成长的保障。因此，点点爸不管平时有多忙，也要抽出时间多陪陪孩子，这对于点点的健康成长是极为有益的。

【专家面对面】

教育孩子，关键在于走进孩子的内心，在充分理解孩子心理的基础上教育孩子，这样才能起到事半功倍的效果。现在大多数的家长工作都比较忙，而且一般都只生育一个孩子，在孩子教育问题上没有什么可以借鉴的经验；对于孩子，往往是尽量做到让他们吃得最好，穿得最舒服，仅此而已。对于孩子心里到底在想什么，孩子到底需要些什么，做家长的往往不能深入地了解和洞察。孩子的内心是一个神秘而脆弱的世界，他们善于用行动来表达自己的感受，可是并不是所有的行为都能被父母理解的，有时还会产生误会与矛盾。所以，在属于孩子自己的最后一个“六一”儿童节，家长应该尽量放下手中的事情，倾听孩子的心声，此时您的关心对孩子以后的成长是至关重要的。

一、在思想上要重视孩子的最后一个儿童节。

家长不能以成年人的眼光来看待这个节日，以为孩子在闹着玩，以为这是一个无关紧要的日子。在他们眼里，初中生已经不是小孩了，他们往往忽略了孩子这个特定阶段的特殊心理感受。其实这时的孩子心里是矛盾的，一方面他们也觉得上了初中就不一样了，不再是小孩了，另一方面，在这个节日到来之时，又勾起了他们对童年时期的美好回忆，总之，这种心理是很复杂的，家长需要有一颗宽容又体贴的心来关爱孩子的心理需求，帮助他们过好这个特殊的节日。

二、充分利用孩子的最后一个“六一”节契机，积极参与孩子的庆祝活动。

现在的中学里，学校、老师都很重视孩子的成长，不少学校都会在

“六一”期间举行班队“告别童年”等类似的活动，给孩子留下一个美好的回忆。家长要关心孩子参与活动的情况，主动询问孩子的感受，让孩子觉得家长也在关注他们的成长变化。同时，要引导孩子认识到告别童年并不等于告别童心，作为未成年人，还是要保持一份童心，不宜用过分成熟的要求来束缚孩子的成长。

三、平时多关注孩子的成长，多花时间陪陪孩子。

并不是到了“六一”或是其他什么节日，家长才应想起孩子的孤独。现在社会竞争激烈，生活压力大，家长往往忙于工作、应酬，疏忽了与孩子的相处。许多家长抱怨不了解孩子，不知道孩子在想什么或干什么，其实，最主要的原因正是由于自己平时与孩子相处、交流的时间太少了。家长美其名曰工作是为了给孩子的未来创造更好的条件，其实，孩子最需要的并不是多么优越的物质条件，而是家长的关注与陪伴。家长要知道：千金难换良好的亲子关系及孩子健康的心理行为。须知，一天工作十几小时的革命家马克思也经常与孩子游戏、交流，生活规律与常人迥然不同的鲁迅先生，每天至少有两个预定时间与他的儿子聊天玩耍。连这样的伟人都能做到多陪伴孩子，我们又有什么理由不能多和孩子在一起呢？多陪陪孩子吧，让家长成为孩子可以信赖和倾诉的伙伴，让家成为孩子幸福的“后花园”。

【想与做】

想一想

1. 家长题：

（1）孩子在小学阶段“六一”儿童节是怎么过的？孩子快乐吗？你们认为，有哪些做法是初一年级的“六一”节可以借鉴的？

（2）孩子题：回想自己以前的“六一”节怎么过的。那时，你觉得最需要从父母那里得到什么？

2. 孩子题：最后一个“六一”节这一天，有没有什么话要对父母亲说一说？

做一做

1. 亲子共做：“六一”节这一天，家长可以拿出家庭相册，与孩子一起回顾他（她）的成长历程，展望美好的未来。

2. 孩子题：写出自己最后一个“六一”节的打算，列出计划，与父母进行交流。

亲职篇

谁打的？干吗呢？
没啦……哎呀！烦不烦啊？

让我欢喜让我忧

【长镜头】

初一年级是小学向中学过渡的时期，孩子的身心发展也由少年期向青春期过渡。父母欣喜地看到孩子进入初中后的变化：个头长高了，日常生活的处理能力增强了，学习更加自主，好像懂事多了；但同时孩子的心智发育仍然不成熟，学习、生活内容的变化，各种价值观念的相互碰撞，社会上的各种五花八门的诱惑，对孩子走向真正的成人、实现自立自强产生了不小的阻力……在这个过程中，看着似乎长大但还不成熟的似懂非懂的孩子，家长是喜还是忧？

【家庭万花筒】

镜头一

点点小学六年级毕业以来，短短一年内就长高了 10 多厘米，成为一个近 170 厘米的男子汉，他也开始追求自己的独立空间和自由度。

“老妈，我回来啦！”

点点每天放学回来，和妈妈打个招呼后，脱掉鞋子就径直走进自己的房间，放好书包，收藏一下自己的个人私密物件，然后才出来做其他事情。

晚上吃完饭，他就进入自己的房间，把门反锁起来写作业。爸妈欣喜地看着点点进入初中以后似乎变化不小：在生活上更加自理，吃饭、洗澡自己打理，学习上更加独立，自觉地写作业……点点似乎长大了，更加自立自主了，但其中似乎也暗藏着危机。

点点小学的学习习惯不好，学习方法欠佳，很少做到课前预习、课后复习再写作业，有时老师反映他上课会走神，因此，学得比较吃力，成绩也是中下水平，经常还要爸妈辅导才勉强跟上。

进入初中以后，点点每天放学进自己的房间，把门反锁起来自己学习，拒绝父母的辅导帮助，也不让父母监管他的学习。平时爸妈提醒他要预习、复习、注意听讲，刚开始他口头上说“好”，实际上因课业更多而顾此失彼，而爸妈再强调要调整学习方法，他都觉得啰唆。一段时间后，各科纷纷进行单元小测，点点发现自己在学习上与同学有差距，但他不肯调整学习方法，有一些问题不懂，他也不愿向爸妈、同学、老师请教，课外自己也没有花时间想办法把它解决，而是一味地逃避。期中考试成绩出来了，点点的成绩和其他同学有较大差距，但是他仍然没有主动地调整、改变，学习上逐渐力不从心，由开始的主动积极到被动消极应对，后来周末也会沉溺于网络游戏之中，学校对他来说唯一的吸引力就是体育课、电脑课及课后与同学打篮球。放寒假时，他也不想再去加强学习了，整天沉迷在网络游戏中，真正厌学了，情绪上大起大落，动辄就与父母闹情绪……

镜头二

“丁零零……丁零零……”朵朵接起电话，是同学打来的，没谈上几句，就说了一个“不”字，急急挂掉电话，很生气地要走进房间。

朵朵妈觉得不对劲，追上去问：“谁打的？干吗呢？”

“没什么……哎呀！烦不烦啊？”朵朵不耐烦地说道。

自从国庆节她的同学打来这个电话后，朵朵妈觉得朵朵整个人都变了。

朵朵从小比较听话，爸妈对她的要求很严格，不管是衣食住行，还是参加活动或交朋友，她都会一一跟妈妈汇报，只有妈妈同意了，她才能去做。朵朵待人礼貌，尊敬师长，孝敬父母，学习成绩优秀，是老师眼中的优秀学生，父母心中的乖女儿。

可是朵朵内心有一股想发泄一下的冲动。朵朵原本是一个活泼又喜欢玩耍的孩子，每次想与小朋友在外玩耍时都会遭到爸妈的强力阻挠——“做女孩子应该安静一点，疯疯癫癫的，怎么像个女孩子呢？”可是朵朵看到邻居的小孩在自由自在地奔跑、玩得很开心时，心中不禁有一些酸楚，眼泪也夺眶而出。长大一些了，父母还是不让做这不让做那，管束得很紧，让她很不高兴。就是小学高年级时想出去走走，父母也要跟着。

进入初中后，朵朵对被父母束缚的这种感觉越来越强烈。平时电话响了，朵朵妈总要第一个冲过去接，如果是找朵朵的，她总要问上几句：“你是哪一位啊？家住哪里？父母是干什么的啊？有空来家里玩……”听起来很热情好客，其实假得很，一直在盘问同学的情况，不要说朵朵知根知底，打电话的同学也很清楚，就只差没查家底了。如果是朵朵接的电话，妈妈也要盘问一番。如果同学约去玩就更苦恼了，常常迟疑一下，说要问问妈妈。而妈妈总要问跟谁去，男的女的，在哪里集合等等，最后常以不安全、没意义等借口否定了。现在朵朵直接都回答“不”，国庆节的电话就是这样，听说同学们玩得可开心了，她更难受了，一连几天不再搭理妈妈，觉得妈妈很过分，都长这么大了，别的同学都很自由自在地玩，自己在这方面却这么难。

几天来朵朵正在为这个问题而闷闷不乐，真巧，今天老师宣布学校因准备考场要放假半天，同学们正在讨论如何度过这难得的半天……

“朵朵，要不要跟我们去玩，你学习这么好，不差这半天的。”同桌同学小兰问。

“不要吧，我得问我妈妈。”

还没等朵朵说完，同学小琴就抢着说：“问你妈妈就没戏了，哎呀，小兰，省省事吧，朵朵什么时候参加过咱们的活动?”

小兰和小琴激烈地讨论玩的方案……朵朵虽然仍然静静地在读自己的书，但是心里被她们激烈的争论声吸引过去了，“哎，这两个方案都很不错。”朵朵加进了讨论，后来又有几个同学加进来讨论……最后确定了一个大家都很满意的方案。

“朵朵，你也跟我们一起去吧！机会难得啊!”

朵朵正犹豫呢，妈妈肯定不会同意的，但内心真的好想和他们一起去。

“你妈那边，我们谁也不说，不就半天时间?”

大家七嘴八舌地劝朵朵一起去玩，朵朵最后被说动了。

中午吃完饭，也没告诉妈妈，朵朵带着装着旅游用的物品的书包与同学们开开心心地玩了半天，心里特别高兴。

天色已晚，朵朵在快到家的路口碰到妈妈，妈妈阴沉着脸：“你去哪里了？也没告诉妈一声，以后不许再出去玩，快期末了，你知不知道，究竟还想不想读书啊……”

玩得尽兴的劲头被妈妈劈头盖脸的谩骂赶跑了，一场冷战又开始了……

镜头三

上午老师通知，学校因公务员考试作为考场，放假半天。同学们为这次意外放假兴奋不已，大家三五成群地纷纷讨论怎样好好过这半天。明明仍然在读自己的书不为所动，因为她知道妈妈肯定是让自己在家好好学习的。

小A和小B讨论玩的方案。

明明仍然静静地在读自己的书，但是心里想：什么时候也能够跟他们放松一天呢？突然听到小A和小B争论起来："你这个方案大家都玩过了，既花费很高也很没意思啊。"

"你的路线花费不高，但是没什么景点和项目，不好玩，更没劲!"

明明终于忍不住说话了："你们争什么呢?"

"你快来帮忙出谋划策一下吧，"小A无奈地说，"我说去九龙公园划船，还有游乐场、鬼屋可以玩，可是收费高了一些，要100多元，小B说贵又没意思，她建议去师院后山烧烤，我却觉得去那里烧烤是不错，但交通不方便，也没什么景点，不好玩。"

明明一听就觉得乐了："这还不好解决？最近云洞岩免费对外开放，那边景点多，项目丰富，又有意思，还可以搭公交车，可以省很多钱。"

一听这消息，旁边的几个同学也参与进来。围绕明明的建议，她们不仅确定了游玩的地方，还商量好了坐车的方案。明明还详细地考虑了路线及途中可能遇到的各个环节和困难，并建议约几个男生一起去，以便与女同学互相帮助。总之，把一切能想到的都想到了。

小A感慨道："明明，真没看出来啊，你平时什么活动都少参加，只知道学习，没想到竟有这么强的策划能力，真厉害呀!"

"是啊，你也跟我们一起去吧！也有个照应，你和你爸妈去过，熟悉情况，万一有个什么事，还可以帮忙支招。"小B说。

大家七嘴八舌地劝明明一起去玩，明明最后被说动了，但是心想还是回家好好跟妈妈商量。

"妈妈，今天老师宣布学校放假半天准备考场，同学们都在讨论去玩，我本来不想去，被身边同学的讨论给吸引了，我一看，她们争论的去九龙公园和师院后山烧烤都不是最好的方案，最后我建议她们去云洞岩，经过分析，大家都非常赞同这个方案，而且夸我很有组织策划能力，大家也建议我一起去，我也很想去，可以吗?”

“期末快到了，你怎么安排学习?”

“我会抓紧时间把它补回来。”

“好是好，要注意安全，路线有没有考虑周全?”明明妈还是不放心安全问题，提醒途中要注意的几个安全问题。

“都详细讨论了，还找了几个男生一起去有个照应……谢谢妈妈!”

中午吃完饭，明明与同学们到云洞岩开开心心地玩了半天，心里特别高兴。因为她发现原来自己还真的很有组织策划能力，思考策划很周到，协调组织同学的能力还真不错，原来不是只会读书而已。晚上回家后还跟爸爸妈妈讨论了这次活动的过程，总结了几点经验和注意事项，明明觉得很有收获……

【心理对对碰】

初一年级的孩子告别小学生活进入初中，觉得自己已经不是小学生了，要改变以往学习、生活依赖父母的状况。青春期的孩子身体发育迅速，加剧了成人感，想要独立地处理自己的事情，但是心理发育不成熟，对诸多问题还不能依靠自己的力量和能力去解决，又不愿意求助父母及他人，内心产生苦恼。看着好像有点懂事又好像并不懂事的初一年级的孩子，众多家长喜忧参半……

点点跨入初中以后，明显意识到自己已不是小孩子了，吃饭、洗澡等生活方面自己打理，学习也不再像小学阶段那样是在爸妈的辅导、监视下完成的，而是自己反锁在房间里进行的，不需要爸妈辅导，也不许爸妈碰到他的书包。看着孩子独立学习、生活，爸妈感到很高兴，觉得孩子已经长大了，但同时也很担忧，他的学习情况究竟怎样？孩子能否不需要家长帮扶过渡就能独立胜任学习上的要求呢？眼看着自己无法施展作用，点点妈只能干着急，孩子的状况也愈加不妙，学习成绩与其他同学有较大的差距，学习的热情也在日益消退，由开始的积极主动变为消极被动，最后自己也撑不下去了，产生厌学情绪，沉溺于网络游戏……点点进入初中后很想争取独立地处理一切事宜，但是没认识到自己的心智不成熟，出现学习上的问题不是主动寻求帮助，而是逃避，采用鸵鸟型的方式解决，以为把头埋进沙里，什么东西都没看见，问题就不存在，逃避问题的结果只能使问题越来越大，最后身心难以承受，产生厌学后果。点点妈在看到点点有独立需求时感到欣慰，但点点在学习上一味拒绝父母帮助，点点妈没有与点点很好地沟通交流，及时帮助点点主动调整方法，并让点点知道父母是未成年人的监护人，有监管的权利，结果使点点在逃避现实中失控，错过了帮扶的机会。

朵朵从小内心有股好动贪玩的冲动，其实这是孩子爱玩的天性使然。但朵朵妈从小对豆豆管束比较严，不许她随便与其他小朋友玩和参与自发组织的活动。朵朵把这种交往需要压抑在潜意识中。到了青春期，随着自主意识、反抗意识增强，这种压抑所产生的反抗更加强烈，表现为朵朵对妈妈的冷漠、抗议。其实，朵朵妈在孩子已有强烈独立意识和反抗心理的情况下还对她全面控制是不合时宜的。担心孩子交友不慎或结伴出行不安全，这种心理是可以理解的，但是可以引导她思考交友、出行应注意安全问题，而不是一味的压制。要知道青春期的孩子，已经把交往、倾诉的主要对象由过去的父母、老师转向同伴。所以朵朵妈要理性对待孩子青春期心理发育特点和规律，尊重孩子交往意愿并抓住这种转变的时机加以积极引导和教育，促使孩子健康成长，而不是想着全面控制孩子，否则孩子的交往需要只能压抑或以背着父母暗地里的方式进行，这才是危险的，也错过一些教育引导的时机。

明明妈对明明的教育和要求比较严，但是进入初中，明明妈能够理解明明与同学交往和参加活动的需要。明明也能够尊重父母，参加一些重大活动能主动与爸妈沟通协商，取得爸妈的理解、支持，同时也能得到爸妈及时的引导和教育，真正使自己成长起来。

【专家面对面】

从青春期开始的“心理断乳期”，给刚上初一年级的孩子带来了新的考验，尽管他们在主观上有独立的要求和愿望，但实际上很难在短时间内适应独立生活。孩子的内心冲突及其在现实中所遇到的挫折都比小学时增多，对许多问题还不能依靠自己的力量去解决，又不愿意求助父母或其他人，担心有损独立人格，内心产生苦恼和困惑。而家长仍然认为孩子虽然是初中生，但年龄还小，社会阅历少，自制力差，希望孩子在学习时间、课外学习内容、课外活动与交友等学习、生活的各方面都应该按照家长的意愿进行，孩子与家长也由此产生不少矛盾，家长如何能够喜多忧少呢？

一、遵循孩子的身心发展规律和特点。

由于家长与孩子朝夕相处，对孩子的独立意识往往不重视，忽视孩子的内心需要，造成家庭教育与孩子的身心发展的实际相脱节，产生矛盾。所以父母要认识孩子的发展特点，掌握孩子的个性特点和发展愿望，改变对孩子从小到大一成不变的教育思想和方法，孩子从小学高年级开始，独立意识增强，到初中更是有增无减，家长不能随便发挥“家长权威”，随意将自己的意见强加在孩子身上，硬逼着孩子去做他们实在不愿意做的事情。作为父母，应遵循孩子的身心发展规律和特点，适应孩子的身心发展的实际，与时俱进地改变家庭教育方式，信任、尊重孩子的独立性和成人感，平等、真诚地与孩子沟通，倾听孩子的呼声。因为再小的孩子也是一个独立的个体，他们有属于自己的生活。让孩子成为他自己吧，过多地为孩子做事，就等于告诉孩子他不行。即使尝试失败、错误，孩子也应有属于自己成长的机会和过程。唯有这样，才能使孩子倍感鼓舞，也才能得到孩子的尊重和接纳。

二、善于和乐于接受孩子的意见，因势利导。

初中孩子有了独立意识以后，便觉得是个“大人”了，不需要家长的经常监督，自觉克服困难完成各项任务，喜欢独立解决问题，这是成长的重要一步，也是父母“喜”的地方。作为父母，要善于倾听孩子的心声，尊重他们的秘密，不把自己的意见强加给孩子，理解孩子内心的矛盾，善于和乐于接受孩子的意见，同时给他们创造独立活动的机会和环境等，通过多种途径和机会提高他们的独立性和自我管理能力。由于孩子是从幼稚向成熟过渡，父母放手让他们独立，却不能撒手不管，而要时刻注意他们在独立生活中遇到的挫折，特别是在挫折困难面前产生苦恼时更要给以鼓励，教给他们处理问题、克服苦恼的方法。父母尊重孩子的个性特征，真正能以平等姿态，以大朋友的身份与孩子交往，就能缩短孩子与自己的距离，缓和或解除孩子对自己的反抗情绪，使他们乐意接受父母的合理要求。当然尊重不是放任，而是要在尊重的基础上因势利导。比如，在学习方面，父母要指导他们自己安排学习计划，帮助他们总结学习经验，及时调整学习方法。特别要给孩子讲一些自我保护常识，培养他们的自理能力、自控能力和自我保护能力，真正实现自立自强。

三、采取耐心说服、疏导和等待的方法对待孩子的反抗性。

孩子长大了，对事情的认识也不同了，开始有了独特的见解，学校发生的事情也不怎么告诉父母了；有的孩子认为他们的思想已经成熟，开始排斥父母的想法，甚至对父母的关心产生厌恶，认为父母跟不上时代，索性大小事情不跟父母说，当父母主动询问时，说不上三句就吵起来也是常事。孩子的这种反抗是成长过程中的一个正常现象，也正是家长进行教育指导的好时机。父母要采取耐心说服、疏导和等待的方法对待孩子的反抗性，认真分析孩子反抗的性质和原因，如果是对自己家长式作风或不合理的教导方法的反抗，家长应自我反省，不能一概视为缺点加以否定，应该在承认自己错误的同时，指出他们反抗的消极面，引导他们健康成长。

【想与做】

想一想

1. 家长题：

(1) 是否经常从孩子的角度去观察这个世界？

(2) 回想自己青春发育期时与父母交往中较为深刻的记忆，体验青春发育期的心理感受。

2. 孩子题：

(1) 进入初中以来，自己的心理变化及自己的主要进步是什么？取得进步的经验是什么？

(2) 能否站在父母的角度上思考父母提出的问题？

做一做

1. 家长题：回顾初一年级孩子的种种变化，反思这段时间自己在教育孩子上有没有存在哪些过失，改变它的初步思路和方法是什么？找孩子谈一谈。

2. 孩子题：这段时间与父母的关系中有没有出现什么变化？写出与父母经常发生不同意见的一些方面，并思考解决的方法。

今天班主任不知怎么回事，对我好象有意见……

多倾听孩子的心声

【长镜头】

自从掌握了语言能力之后，人就在不停地言说，其目的无非就是要让自己的心声能被别人充分地听取、理解。孩子更是如此，还不会说话的时候，他们要表达自己的需求时，就懂得用哭声来引起大人的关注。我们都会记得孩子在成长时有一个特殊的阶段，在这个阶段，孩子非常喜欢凡事都问个为什么：太阳为什么会发光？小鸟为什么会飞？爷爷为什么会老……这时我们都知道要充满耐心地倾听孩子稚嫩的童音，尽量给孩子一个满意的回答。可是，孩子渐渐长大了，我们似乎也渐渐失去了耐心，不再那么用心地倾听；与此同时，孩子似乎也越来越不爱和家长说话了，我们把这种现象看作是“长大”。可是，向家长诉说是孩子的天性，特别是进入初一年级后，孩子遇到了不少新的问题，出现了不少新的困惑，在这样一个特殊的阶段，家长不能让孩子有话不说或者“欲言又止”，而是应该充分利用在一起吃饭、看电视、睡前的几分钟以及周末逛超市等一切机会，听听孩子在说什么。

【家庭万花筒】

镜头一

今天豆豆妈比较早下班，到家时，豆豆和他爸爸还没回来。趁着这个空闲时间，豆豆妈把房间打扫了一下，接着就开始准备晚餐了。正忙着，门铃响了，原来是豆豆回来了。妈妈把门打开，只见豆豆一脸的不高兴，嘴里还一直念叨着："今天班主任不知怎么回事，对我好像有意见……"豆豆妈听见了，觉得很纳闷，不过惦记着锅里的菜，也没太在意豆豆在嘀咕着什么，赶紧又回到厨房。升上初一年级以后，平时每天放学回家，豆豆都会兴奋地把学校里发生的事情告诉妈妈，妈妈也总是儿子最忠实的听众。今天看豆豆的样子可有点反常，不过妈妈想：天大的事，也得先把菜炒完再说。

可是，过了一会儿，豆豆又从书房走出来，对妈妈说："今天班主任不知怎么回事，对我好像有意见。"豆豆说着，眼眶都红了。听到这里，豆豆妈才意识到豆豆可能在学校受到什么委屈，才表现得如此的伤心，平时回来总是说老师怎么表扬他，可是今天却……

于是豆豆妈放下手里的活，拉着豆豆坐了下来，温和地说："豆豆，你慢慢说，这到底是怎么回事？你在学校犯了什么错误吗？"

"没有，是明明被老师叫到办公室去批评，回来后对我说：'班主任叫我学习要认真一点，不要像你一样，自甘堕落。'这是什么意思啊，太伤人了……"豆豆说。

"明明为什么会被老师批评？"妈妈问。

"她今天作业又没交啊。但她被老师批评后，回来却很得意地对我说了那些话，还说以后不跟我在一起玩了。”豆豆一五一十地把事情的经过告诉妈妈，眼泪还是禁不住地掉下来。

妈妈连忙安慰道：“儿子，别伤心，可能是明明听错了，妈妈等一下跟老师打电话，把情况问清楚再告诉你，你先安心做作业。”

今年，豆豆在全市最好的一所私立学校就读初一年级，学校管理很规范，对学生要求十分严格，学生在学校的表现如何，班主任都会及时与家长进行沟通，但是豆豆妈从来没听到班主任这样贬低豆豆。豆豆学习成绩很好，其他方面的表现也不错，经常受到老师的表扬，那么，今天的“事故”应该是一场误会，豆豆妈妈这样想。

于是，豆豆妈马上向豆豆的班主任打电话了解情况，果然，明明所说的话并不是真的，班主任并没有像明明说的那样在讲豆豆的坏话，而是身为组长的豆豆把明明没交作业的情况如实地向老师报告，明明受到老师的批评后心理不平衡，又看到豆豆经常被老师表扬，所以想故意刺激豆豆，才编出这样的谎话，老师说会好好做明明的思想工作。事情真相大白了，豆豆妈心上的一块石头落下了地，而豆豆脸上也重新露出笑容，像往常一样有说有笑了。

镜头二

点点今年刚上初一年级，开学初，他对新学校的一切都感到很新鲜，回到家经常向妈妈“喋喋不休”：

“妈，教我们数学的老师很凶，谁没完成作业就要罚抄，还要罚站。”

“妈，英语老师是今年刚毕业的，给我们上课时，好像还挺紧张的。”

“妈，班委选举开始了，我要去竞选体育委员。”

……

点点妈下班回来后要忙于做家务活，经常顾不上仔细听点点的“唠叨”，所以，有时候会说：“点点，你别烦妈妈了，好不好？妈妈还有很多事情要做。”有时会没好气地批评点点：“你怎么会有那么多乱七八糟的事，还不赶快去做作业，学习是最重要的。”

久而久之，点点妈发现点点变得安静了，回家后就到自己的房间里做作业，不再是整天对妈妈“喋喋不休”的孩子了，妈妈的耳根也清静了许多。这孩子总算懂事了，点点妈心里这样想着。

过了一段时间，点点妈发现有时跟点点说话，点点变得爱理不理了。“你说这孩子咋了？以前还整天唠唠叨叨没完没了的，现在有正经事要跟他讲，不仅没什么反应，有时还会躲着我。”今天，趁着点点爸爸出差回来休假在家，点点妈疑惑地对他说道。

“你是不是经常批评他啊？”点点爸问道。

“没有的事，以前他话太多，我都听烦了，现在回来一句也不说就躲进自己的房间里，还把门给关上，有时我敲了很久才开门。唉，这孩子！”说到这里，妈妈是一肚子的气，自己整天为了孩子能够吃好穿好，操了很多的心，而且自己每天也要上班，回来还要做很多家务，点点爸又经常出差，对孩子的教育帮不上什么忙，她觉得很委屈。

点点爸听到点点妈妈的话之后，觉得有些愧对这个家庭，他工作很忙，几乎没什么时间顾及家里的事情，所以，他决定找点点好好谈一谈。今天刚好是周末，于是，他走进点点的房间，关切地问道：“点点，你会不会想爸爸？我出差回来，你倒好像高兴不起来？”

听到爸爸这么说，正埋头写作业的点点抬起头说：“爸爸，你能不能多花点时间在家陪陪我，我在家连个说话的人都没有。”

“不是有你妈在吗？”

“妈？她嫌我烦呢！她经常不理我。”点点嘟着嘴地对爸爸说。

“噢，是这样啊，那我要批评批评她，她怎么可以不理我的宝贝儿子？”

爸爸开玩笑地说。

“她以前不理我，我现在不理她，让她也体会一下这种心情。”点点有点“不怀好意”地笑道。

爸爸说：“妈妈那样做确实不大妥当，不过你有没有想过她是为什么不理你？你去上学的时候，她去上班，回来还要做那么多家务，她也是太忙了，你们能不能换位思考，互相理解一下？我来当这个‘中介’，好不好？”

点点听了，不好意思地笑了。

镜头三

朵朵是个性格内向、斯斯文文的女孩子，跟别人说话轻声细语的，连对家里人也是这样。所以有时妈妈会说她：“你说话能不能大声一点？我都听不大清楚，叫别人怎么听啊？这样子谁愿意和你交朋友，以后进入社会怎么办？”妈妈开了一家服装店，平时经常要和顾客讨价还价，因此很是能言善辩，不过朵朵这一点可没学会。听了妈妈的批评，她总是低着头，也不会去争辩什么。其实，虽然朵朵说话声音比较小，话比较少，但在班级里也有几个谈得来的朋友，学习成绩也不算差。

进入初一年级了，朵朵还是像往常一样，回来对妈妈打一下招呼：“妈，我回来了。”就很少说过第二句话。对孩子这种过于安静的性格妈妈也是没有办法，再加上生意很忙，也没时间想那么多了。

有一天中午回到家，朵朵破天荒地对妈妈说：“妈妈，下午我们班要竞选班委，我想去竞选班长。”

朵朵妈听了这话，好像不认识自己的女儿一样。她惊讶地问道：“你要去竞选班长？不会吧，你这种性格能当班长？”

“妈，我想去试试。”朵朵小声地说。

“你还是不要去试了吧，省得浪费时间。”妈妈摇了摇头说。

“你也这样觉得吗？我是这么打算的：先写一份自我介绍，然后……”朵朵努力地想表达自己的想法。

可是妈妈已经转身准备去店里了。

朵朵无话可说了。她胆量是不够大，语言表达也不够好，她也意识到这一点，本想鼓起勇气趁这个机会去试一试，如果妈妈能够支持她一下就好了，可是连妈妈都说她没这个能力，不想听听她的想法。看来还是放弃吧，朵朵伤心地想。

转眼寒假到了，几个同学相约去参加市广播电视台举办的以“我是小主持人”为主题的冬令营。朵朵也很想去，于是她对妈妈说：“妈，放假我想去参加冬令营……”妈妈说：“哦，放假我正要让你去店里帮忙呢！今年年底，店里的售货员都提前回家过年了，我正缺人手，你不大会招呼客人，不过可以帮我收银记账，明天就跟我一起去店里吧。”

朵朵嗫嚅着正想说什么，妈妈又开始唠叨生意如何不好做，于是，她终究还是没再说了。自此以后，朵朵变得更加内向了，越来越不愿和别人交流，在学校里不懂的学习内容也不想去问老师，学习成绩也每况愈下，而且经常趁爸爸妈妈不在家的时候上网聊天、玩游戏。妈妈看到朵朵变成这样子，实在想不通：“朵朵，你是怎么回事？你什么时候才能懂事啊？你学习要认真一点，别让爸爸妈妈失望啊！”妈妈真的是“恨铁不成钢”，也不知是哪个地方出错了，每次批评朵朵，她只是呆呆地站在那里，任妈妈怎么说她，也不辩解。

眼看着朵朵的学习成绩实在是“惨不忍睹”，朵朵妈忍不住与丈夫商量：“朵朵成绩这么差，如果读初二的话，估计是跟不上学习进度，要不要叫朵朵转到私立学校重新读初一，换个环境也许会好一些。”

爸爸对此也是没辙了，只能表示同意。他们的谈话，朵朵也听到了，她也没提什么反对的意见，一副无所谓的态度。

【心理对对碰】

进入初一年级以后，孩子遇到的事情更多了，面对的问题更复杂了，这时，父母应该努力成为孩子有话要诉说时首先想到的对象。父母如果能够多倾听孩子的心声，让孩子的郁闷有个发泄的去处，让孩子的想法多一个能够理解的听众，这对于孩子的心理调节与性格发展都是有百利而无一害的。

豆豆妈平时就是豆豆忠实的听众，说明她很善于倾听孩子的心声，能及时疏导孩子的情绪。在镜头一中，豆豆妈刚开始听到豆豆在说班主任如何如何时还不大在意，当豆豆说到第二遍时，她立刻意识到了不对劲的地方，马上停下手里的家务，让孩子坐下来说。坐着说可以缓解孩子的情绪，也给孩子一个积极的暗示：妈妈很重视他的意见。因此他可以比较清晰地把一件他觉得气愤至极的事情说给妈妈听，要知道，刚上初一年级的孩子对老师特别是班主任的评价是很在意的。妈妈冷静地分析豆豆平时在学校的表现，推断事情可能不是明明说的那样，于是马上与班主任沟通，顺利地解决了这个问题。这种做法值得肯定，这样使误会得到澄清，使豆豆的不平之气及时得到消解，有利于孩子的心理健康。

点点的妈妈则对点点的“唠叨”处理不当。其实点点的“唠叨”只是刚上初一年级的孩子对新的学习环境的一种好奇和关注而已，过一阵子可能就不会这样了，但点点妈用比较简单粗暴的语言“扼杀”了点点的表达欲望，使他觉得“妈妈不重视我的话”，进而得出“妈妈不重视我”的结论，因此出现后来他也不去搭理妈妈的举动就可以理解了。幸亏点点妈及时与点点爸沟通，并由爸爸充当“和平使者”，两人的紧张关系才得到了化解，同时也让点点妈明白耐心倾听孩子诉说的重要性。

朵朵妈对朵朵的教育方式过于简单，总是以自己的想法为出发点。朵朵的情况比较特殊，她本身就是一个内向的孩子，对这样的孩子，父母应该多鼓励她说话，创造条件让她表达。但是朵朵的妈妈却在朵朵想参加班长竞选的时候，凭着自己对朵朵平时的印象而否决了她的想法，没有给朵朵任何解释的机会；当朵朵想和她商量自己的寒假计划时，也没有耐心听听朵朵的意见，而是想当然地把自己的决定强加给朵朵，这样做的结果只能是让朵朵更加沉默，并且产生了与家长的隔阂，觉得“反正我说什么都没用，那么我也什么也不说了”。于是孩子与父母的交流就出现了严重的障碍，从而使朵朵以消极的态度来对待自己的学习、对待父母的意见，不利于朵朵人格的健全发展。

【专家面对面】

孩子青春期的成长是非常重要，这基本上决定了孩子一生的性格；而青春期叛逆是孩子在由不成熟向成熟转化的过程中的正常表现，作为家长应该保持平和的心态，在孩子高兴的时候、遇到困难的时候、伤心的时候，都不要错过倾听孩子诉说的机会。家长应尽量创造一个宽松的环境，不要以一个高高在上的教育者的姿态出现在孩子面前，对任何事不要急于发表意见，遇到自己不赞成的观点时，也不要马上表态，对孩子做的事情不满意时，不要唠叨、埋怨、指责或者打骂，而应提出问题让孩子思考，允许他们保留自己的观点，正确引导孩子。

一、要信任孩子，善于和乐于倾听孩子的意见。

家长是孩子的第一任老师，更是孩子的终身榜样。孩子身上的优点、缺点、好习惯、坏习惯基本上来自家长和周围环境的熏陶。家长要做到更多地欣赏孩子的优点，尽量地理解、包容孩子的缺点，要知道世界上没有完美的孩子，信任自己的孩子是家长与孩子进行沟通交流的重要基础。同时，作为父母，要善于倾听孩子的意见，很多家长习惯了替孩子作决定，总是希望孩子将来不辜负自己的一片苦心，成为一个有出息的人。所以，许多家长往往背离教育的原则，把自己的意见强加给孩子，尽量设法去干涉或控制孩子的某些行为，从而引起孩子的反感情绪甚至反抗行为。其实，再小的孩子也是一个独立的主体，更何况是进入青春期的初一年级的孩子，他们有属于自己的生活空间和精神世界。因此，当孩子敞开心扉对家长诉说时，家长要善于和乐于倾听孩子的意见，理解孩子的内心世界，只有这样，孩子才可能积极采纳家长的建议。

二、放下架子，学会换位思考。

孩子进入初中后，也步入青春期，心理开始发生了一系列的变化，他们认为自己的思想已经成熟，有些事情不想告诉父母，甚至对父母的过分关心产生厌烦，有时父母主动询问时，说不上三句话就吵起来也是常事。如果遇到这种情况，还想以家长的身份以大压小的话，问题仍然无法得到解决。而有些家长在教育孩子时，完全是从自己的角度、以自己的经验去认识和解决问题，不能意识到孩子对同一问题有着与自己不同的态度和看法，总是认为自己的方法是最正确的。如果长期以这种方法去教育孩子，就会严重影响孩子人格的正常发展。其实，正确的做法应该是：放下“父母大人”的架子，多从孩子的角度去想一想自己要求孩子做的事情，以及孩子自己想要做的事情，这种换位会使家长的教育行为减少主观色彩。因此，父母应尽量以朋友的身份与孩子交往，缩小父母与孩子的心理距离，缓和、解除孩子对家长的反抗情绪，使他们乐意接受父母的合理要求。这样，才能有利于孩子的健康成长。

三、选准与孩子沟通的时机，利用一切机会与孩子交流。

教育是双边行为，一边是“教”，一边是“受教”，善于倾听受教育者的心声，是教育成功的重要因素。有些家长以平时工作忙为理由，很少与孩子进行沟通，使得自己与孩子的关系越来越疏远。其实，家长可以利用一些空余的时间，如：吃饭的时间、就寝前的时间或是和孩子一起做家务的时候，也可以利用周末一起逛超市的时间……以平等的姿态，听听孩子在学校里发生的一些趣事和学习上所遇到的一些烦恼，同时也可以谈一谈家长自己的一些事情，把自己的想法告诉孩子，有时还要当孩子的“出气筒”。总之，当孩子兴致勃勃地想和爸爸妈妈“谈天说地”时，家长应该做一个忠实的听众，让孩子体会到家是他们的避风港，父母永远是最理解他们的人。

【想与做】

想一想

1. 家长题：自己在初一年级时有哪些行为和想法？其中哪些得到了父母的支持和鼓励，哪些则被父母否定？

2. 孩子题：有没有什么烦恼要告诉爸爸妈妈？希望爸爸妈妈给你什么帮助？

做一做

1. 亲子共做：每周安排一个“倾听日”，在这一天，父母要坐下来倾听孩子说话，时间至少半个小时。

2. 孩子题：每天为家里做一两件家务，体会一下父母为家庭所付出的努力。

星期六
星期五

让我们一起上网

【长镜头】

网络是20世纪最大的发明之一。时至今日，人们似乎已离不开网络了。网络对孩子的吸引力更大，特别是现在绝大部分孩子都是独生子女，在家里没有同年龄的伙伴，网络就起到了一个最佳玩伴的作用。男孩子在网络游戏里纵横捭阖、在棋牌室里忙着“斗地主”，女孩子则在“QQ农场”里辛勤劳动、精心照顾自己的宠物。当然，网络也是学习的好工具，有不少作业是要靠网络来完成的。面对网络这种来势汹汹、“一网打尽”的架势，家长该如何去面对？

【家庭万花筒】

镜头一

“点点，你又在上网了？还不赶快去做作业。”自从家里买了电脑以后，妈妈下班回家，总是看到点点守在电脑旁，今天也是如此，她生气地催促儿子赶紧关掉电脑，可是点点照样还要再磨蹭一会儿。

“妈，你又烦我了，人家才刚刚开始玩，今天老师拖课了。”点点争辩道。

儿子上网都快成瘾了，这成为点点妈的一个心病。读小学的时候，点点的学习成绩原先在班上是属于中上水平的，可是上初中以后迷上了网络游戏，成绩是一落千丈，让点点妈心里很着急，但她又不知道该怎么办才好，所以每次看到点点在上网，总是要唠叨几句，但是点点也是爱理不理的，继续玩他的“惊心动魄”的 CS 游戏。点点妈对电脑懂得不多，听人家说，现在孩子的学习离不开电脑，老师布置的作业经常要求学生要上网查资料，不买电脑也不行。看到点点玩得很开心的样子，妈妈重重地叹了口气，无可奈何地对点点说：“你自己要控制好时间，不然晚上作业又要做到十一二点了。”点点“噢”了一声，不知有没有听到妈妈的吩咐，又全身心地投入到他的网络世界里去了。

妈妈把饭做好了，再三叫点点吃饭，他才慢吞吞地关掉电脑，依依不舍地离开电脑桌，抱怨妈妈说：“干吗那么急着吃饭，我都快拿到升级的积分了！”

听到这话，点点妈又开始“唠叨”了：“已经玩了那么久了，作业都还没做……”

“好啦，妈，你别说了，我等一下就做，还不行吗？”点点不耐烦地打断了妈妈的话。他匆匆地吃完了饭，无精打采地进了自己的房间，关上房门，打开书包，拿出手机，手痒痒的，又玩了一会儿手机里的“斗地主”游戏，才开始做作业。“今天的作业真多呀，又要做到 12 点了，要是没有作业该多好！”点点一边想着还没玩过瘾的游戏，一边心不甘情不愿地打开了作业本……

点点妈对儿子的变化也是没办法的，点点爸经常出差不在家，点点没有其他的兴趣爱好，现在都是独生子女，平时也没有什么伙伴。点点说学习需要电脑，现在谁家没有电脑啊，妈妈疼爱儿子，在点点上了初一后就买了一台，专门给他用。刚开始，点点妈觉得点点还是有进步的，懂得的东西也多了，比如：上网可以购物，可以下载电影、音乐，等等，这不，点点还从网上下载了妈妈最喜欢看的韩剧。可是后来，自从点点迷上了网络游戏之后，学习就开始退步了，而且每天总要先玩一会儿游戏才能开始学习，什么“街头篮球”、“梦幻西游”、“传奇”……都是点点经常挂在嘴边的，妈妈如果多问几句，他还常常嫌妈妈落伍了。点点妈真有点后悔，可是对电脑这个玩意儿自己真的懂得不多，所以看到点点又在上网，她也拿不出什么对策，只能干着急。

镜头二

豆豆今年刚上初一，学习成绩不怎么样，但对网络游戏却情有独钟，现在流行什么游戏，哪种网游最好玩，他都一清二楚，俨然成为一个网络游戏“专家”，花了很多时间在这上面。爸爸很担心，可是他觉得豆豆长大了，应该会懂得道理的，因此他还是以劝导为主：“儿子，你是学生，现在主要的精力还是要放在学习上，玩游戏也要有个度啊。”豆豆却把它当做耳边风，依然我行我素，经常玩游戏玩得入了迷。

期中考试成绩出来了，豆豆的成绩全部挂上了“红灯”，爸爸看了，生气地对豆豆说：“你看，这就是你平时经常上网玩游戏的结果，从明天开始，我不允许你再玩电脑了。”豆豆想辩解几句，可是又觉得理亏，也不敢吭声了，的确，都是自己平时太爱玩游戏惹的祸，有什么好说的。爸爸怕他不自觉，干脆将家里的网络宽带申请了暂停。从此，豆豆在家里安静了许多，想上网也上不了了。没有了网络游戏，豆豆整天感觉好像丢失了什么似的，学习也是无精打采的，成绩也没什么起色。爸爸看到豆豆这样，有时气起来，也会骂他几句，于是豆豆变得更加不爱和爸爸妈妈说话了。爸爸心想：这段时间豆豆会比较不适应，等过一阵子再看看用什么方法和他沟通一下。

过了两星期，有一天，豆豆班主任陈老师的一个电话却让豆豆爸大惊失色：在今天下午的自习课上，豆豆居然和几个同学跑去学校附近的网吧上网，被学校训导主任逮住了。妈妈知道了，犹犹豫豫地对豆豆爸说："真的吗？难怪他最近经常向我要钱，10元、20元的，我没在意。原来是去网吧……"豆豆爸厉声打断了妈妈的话，说："你怎么都没跟我说，都是你宠的结果。"

可想而知，豆豆回到家，遭到爸爸的一顿大骂，可是豆豆却很委屈地对爸爸说："我上网不仅仅只是玩游戏，有时我们学习也需要上网查资料，你却把家里的网络全部停了，你叫我上哪儿查呢？"

这下，爸爸更加生气了，他说道："你还敢狡辩！为什么我要停掉网络？为什么？"

豆豆也不服气地说道："我也知道喜欢玩游戏会影响成绩的，不过我是初中生了，我已经长大了，你为什么没有征求我的意见就把家里的网络给切断了？你不尊重我！"

豆豆爸爸听了儿子的话，一下子愣住了，不知该说什么好。

镜头三

朵朵是个好奇心很强的女孩，对自己不懂的东西总是要问个明白。小时候看到妈妈用电脑在打字，总会凑过来，问妈妈这个是什么，那个又是什么，妈妈很有耐心地一一给予解释，她也是不时点点头，似懂非懂的。

后来，读小学四年级以后，学习的内容多了一门信息技术课程，朵朵开始真正接触电脑，她用心地学，不懂的地方主动问老师，或者回家请教妈妈，从简单的打字、绘画等开始，到上网查资料、申请QQ号，后来就成为班级里的电脑"小老师"。不过，朵朵的兴趣很广泛，业余生活很丰富，她喜欢画画、书法、打乒乓球……所以，电脑在她的生活中并没有占据重要的地位。

直到上了初一年级，由于学习上的需要，使用电脑的次数在增多，老师经常会要求同学们上网查阅资料，朵朵才算是真正融入网络生活中。她加入了班级的 Q 群，创建自己的博客……朵朵真正体会到网络世界原来是这么丰富多彩，可以学到很多新的知识。原来并不熟悉的 PPT 演示课件，也利用寒假时间向妈妈学会了，她自己制作的以“爱我家乡”为主题的课件参加市里的比赛，还获得了初中组的二等奖呢。朵朵喜欢玩“超级玛丽”的游戏，也关心自己的 QQ 农场，她还喜欢经营自己的博客，经常往自己的博客上传照片、更新日志，晒晒自己的心情。

当然，在使用电脑和上网时间越来越长的同时，她也记住了妈妈早就告诉她的话：网络世界很有趣，但又很容易使人上瘾——这就是网瘾。适度地玩游戏，可以放松自我，减轻学习的压力，但时间久了就会严重影响学习生活；再比如 QQ 聊天，有时可以方便和同学朋友沟通联系，但如果沉迷其中，就是浪费时间与感情。朵朵妈分析了网络的利与弊，最后和朵朵商量约定：平时如果需要查资料，可以上网，但要自觉；到了周末有一个小时左右的时间上网“自由活动”。平时，朵朵的 QQ 农场和牧场交给妈妈在有空的时间帮忙照顾；周末，妈妈的农牧场就交给朵朵了，朵朵要怎么“偷菜”都行。当然，如果朵朵超时的话，就将被取消下一周玩游戏的权利。

朵朵很自觉地遵守和妈妈的约定，在养成有节制的上网规律之后，她清楚地意识到从网络中的确可以直接、便捷地获取一些知识，但是她也体会到，网络只是个虚拟世界，网络里的东西并不是自己真正拥有的，生活不能只单纯依赖于网络，要靠自身的勤奋和努力，才能成为知识真正的主人。

【心理对对碰】

层出不穷的高科技产品，已经深刻地影响了孩子们的生活环境和思维习惯。面对充满诱惑的网络世界，看着自家那位好像有点懂事又好像并不懂事的初一年级的“宝贝”，众多家长忧心忡忡，谈“网”色变，有的甚至禁止孩子“触网”，这正是中国的家长特有的对孩子的不信任、不放心的心态而导致的处理方法。殊不知，在当今这个越来越离不开网络的时代里，如果家长仍然用这种传统的压制的模式来教育自己的孩子，严禁孩子上网，必然会引起孩子的不满，甚至成为孩子厌烦、仇视的对象。与此相反，有些家长则认为网络是高科技、新潮流，可以让孩子认识丰富的世界，孩子喜欢上网是好事，所以，对孩子上网采取放任自流的态度，不加以限制，结果往往导致孩子沉迷于网络游戏，无心学习，家长却对此缺乏警惕之心，最后酿成了逃学、偷窃等苦果，这些做法都是不可取的。

网络游戏新鲜、刺激，内容五花八门、应有尽有，拓展了孩子的知识面，满足了他们获取新奇感、充实自我的需要，另一方面，在这个虚拟的世界里，也很容易使个人的虚荣心、荣誉感、自我价值得到某种程度的实现和满足。玩游戏时，随着经验值或积分的积累、等级的提升，可以让孩子体验到平时学习中较不容易体验到的成功感。点点正是在这种诱惑下沉迷于网络游戏的，而点点妈电脑知识懂得不多，她并不清楚网络游戏与网络学习的区别，对此也是无可奈何的。想当初买电脑给点点，是为了帮助点点学习的，但没想到反而成为阻碍点点学习进步的“罪魁祸首”，这让点点妈始料不及，所以，她最终对点点的教育采取放任自流的方法，而自控力较差的点点是越陷越深，沉湎于其中，不能自拔，选择在游戏中来满足自我实现的需要，而不愿意面对真实生活、学习中所遇到的困难，这对他的学习已经产生了不利的影响了。

豆豆的爸爸对豆豆喜欢网络游戏的现象首先采取的是劝导的方式，这是对的，但当豆豆没有受到现实的教训、导致考试成绩全面滑坡之后，他采取了断开家里的网络连接的手段，希望豆豆能够就此收心。其实就像大人戒除烟瘾不可能一蹴而就一样，孩子同网络的关系也同样不可能一刀两断，何况现在的学习确实离不开网络，豆豆爸爸的做法无疑是收效甚微的。豆豆在自习课上去上网，当然是极其错误的，但能及早发现，没有酿成什么不可挽回的大错，也算是不幸中的万幸。这时，家长一定要反思一下自己的做法到底哪些地方出现了误差，而不是一味地责怪孩子。豆豆的反问也有一定道理：当豆豆不听爸爸劝告而沉迷网络游戏，从而导致学习成绩下降时，爸爸应该借此机会与孩子进行深入的沟通，循序渐进地改掉孩子对网络的依赖心理，而不是一下子切断网络连接，这实际上等于切断了家长与孩子的心理联系。孩子在家里没有得到的东西，就转移到网吧去寻找，这并不奇怪。

朵朵妈妈对待网络的做法和对朵朵的引导值得家长们借鉴。首先，她没有让网络成为朵朵唯一的选择。孩子的心充满天真、好奇与求知欲，网络确实能给他们带来不少刺激，但生活中还是有许许多多有趣的活动，像体育、艺术、阅读等，都能对孩子的身心发展产生有益的作用。因此，朵朵妈尽量让朵朵的业余生活多样化，引导孩子培养健康的兴趣爱好，这样，孩子的天空就会更加广阔、透明。而另一方面，朵朵妈没有把网络当成洪水猛兽，也没有对孩子上网放任自流，而是和孩子一起分析了网络的利与弊，让朵朵对网络有明确的认识，充分意识到网络的长短得失，合理地使用网络，从而使网络成为朵朵学习、生活的好朋友、好帮手。

【专家面对面】

随着社会的不断进步，互联网在社会中占据了相当重要的位置，它向人们显示出了无限的精彩世界，成为重要的信息平台与交流工具。网络具有方便快捷、信息量大、覆盖面广的特点，上网已成为越来越多的人的一种重要的生活方式，所以，现在社会生活中，不懂电脑，不会利用网络的人将会被信息化社会所淘汰，作为新时代的父母，对此应该要有深刻的体会。正因为如此，家长们认识到：孩子的学习是离不开电脑的，特别进入初中后，学习更需要电脑的辅助。但是，由于初中生的好奇心强、模仿力强，而判断力、分辨力还很弱，对网络的过度使用，特别是沉迷于网络游戏，会给他们的身心发育带来不可估量的负面影响，使其对网络产生强烈的心理依赖。对此，家长要进行正确引导。

一、要正确认识孩子为什么喜欢上网、特别是喜欢玩网络游戏的原因。

作为科技时代的标志性产物，网络对正在成长中的孩子起到一种生活“替代品”的作用。中科院心理所的相关研究表明：正是孩子在现实生活的“三大缺失”——“父亲功能”缺失、游戏缺失、同伴缺失，使网络成为重要的替代品。

进入初一年级后，处于青春期的孩子大都有认同父亲的倾向，男孩在社会化的过程中渴望成为像父亲一样的人，女孩则有或多或少的“恋父情结”。在心理学的视域里，父亲往往代表着规则和秩序，孩子自控能力的形成与父亲的作用有很大关系。而在一般的家庭中，父亲往往是家里的主要经济来源，他们在外面奔波的时间多于在家里的时间，父亲经常性的缺席，使得孩子缺乏必要的监管，这也会影响他们自制力的形成。

其次，游戏对于每个人来说都是必不可少的。很多人以为，在中学阶段，孩子已经不需要游戏了。实际上青春期的孩子仍然需要游戏，只不过他们需要社会角色更丰富的游戏，需要具有一定象征意义的游戏帮助他们长大。而当现实生活无法满足他们的需要时，他们就会去寻找替代品，而网络游戏就成为容易得到的、能够满足孩子游戏需要的替代品。

第三个缺失是同伴的缺失。对于青春期孩子来说，同伴特别重要，没有伙伴就不能从家庭走向社会。但是中国城市中的孩子大都是独生子女，人与人交流变得越来越少，而网络却给孩子提供了这个机会。网络游戏的虚拟性既保护了自己，也让自己有个倾诉的私人空间。

因此，在网络中，既有游戏又有同伴交往的存在，又能获得成就感，这正好弥补了孩子在成长中的三大缺失，而这也正是孩子为什么喜欢上网的原因。家长应该从这三个方面来正确认识孩子的恋网症状，对症下药，从而减少孩子对网络的依赖性。

二、要客观、全面地认知网络，提升自己在孩子成长教育方面的观念、方法和知识。

随着信息技术的迅猛发展，网络已经成为人们生活不可缺少的一部分，可是有些家长并不了解网络知识，不知道孩子们在做什么，所以，不能和孩子们在这方面进行交流、沟通，更不用说引导了。现在很多父母对孩子痴迷于网络的现象还停留在焦虑的阶段，甚至采取一些较极端的手段来强制孩子离开网络，这种做法无法教育孩子正确面对网络。因此，如果家长不懂得相关的网络知识，就应放下父母架子，和孩子一起成长，平等地与孩子进行沟通，和孩子一起学习，一起分辨网络上信息的好和坏，让孩子对网络有一个准确的认知，正确引导他们使用网络。

在此基础上，父母可以参与到孩子的网络游戏中，这样一方面可以起到监督孩子的作用，另一方面可以密切亲子关系。在取得孩子信任和具备了共同的语言之后，再跟他们一起利用网络，学习有关知识。

三、要有意识地引导孩子转移兴趣，丰富他们的生活色彩。

现在的孩子业余活动内容可谓贫乏，上网聊天、玩游戏就成了孩子的主要休闲方式。上网时间一长就会成瘾，不能自拔，甚至会影响学习和健康。要想让孩子不深陷于网络之中，家长应该有意识地帮助孩子转移兴趣，不要让他们把注意力仅仅集中在网络上。家长可以根据孩子的兴趣、爱好，以及家庭的条件、亲戚邻里的状况等，设法为孩子提供更多的学习、交流沟通、娱乐等方面的平台。比如有的孩子喜欢玩关于篮球的电子游戏，那么就可以给他买个“现实”的篮球，鼓励他走出家门去打篮球；有的孩子喜欢玩种菜的电子游戏，那么就可以给他购买一些植物的种子，让他亲自动手种植；还可以带孩子出去串串门，不要让他们总是待在家里，等等。此外，家长还要多为子女着想，不能因为工作忙等缘故，对子女的心理需求不管不顾，要多关爱他们，多跟他们沟通。

四、家长要做好表率作用。

有些孩子上网成瘾，跟家长没能起到示范作用是有关系的。有些家长一回家就打开电脑玩游戏、聊天，还有的三更半夜里起来“偷菜”，这些都会使自身对孩子的教育变得缺乏说服力。家长要与时俱进，多了解一些网络知识，及时地对孩子进行相关的教育，同时也要做好言传身教的作用。

【想与做】

想一想

1. 家长题：自己经常上网吗？你觉得上网有什么好处？

2. 孩子题：你喜欢上网吗？上网主要是为了学习，还是玩网络游戏？

做一做

1. 亲子共做：创建一个家庭博客，可以把家庭的照片、家庭的趣事等传到博客上。

2. 孩子题：把上网的感受写下来，与爸爸妈妈一起分享；向爸爸妈妈推荐一两个自己喜欢的网络游戏，说说你喜欢的理由。

哟，儿子，你今天是怎么了，这么乖啊？
妈，既然我这么乖，你能不能奖励一下？

你的零花钱呢

【长镜头】

如今，没有一个学生兜里是空空如也的。坐公交车要钱，买瓶矿泉水要钱，买本参考书要钱，几位同学好友凑份子小聚一餐也要钱，这些，都要从爸爸妈妈给的零花钱里来开支。家长也都会给孩子一些钱的，但怎么给，给多少，给完以后怎么使用，这些情况家长恐怕就不会去考虑太多了吧。有的孩子有自己的打算：攒下每一分钱，积少成多，去买一个自己喜欢的 MP3；有的孩子没有计划，有多少花多少，于是，在对垃圾食品的不断消费中逐渐长成了小胖子；还有的利用自己的零花钱去做一些有意义的事。看来，小小的零花钱里面也大有学问啊！

【家庭万花筒】

镜头一

今天，豆豆放学回家后，就自觉地在书桌上做起作业来，晚饭后还说要帮妈妈洗碗，搞得妈妈都有点“受宠若惊”了：“哟，儿子，你今天是怎么了，这么乖啊?”豆豆嬉皮笑脸地对妈妈说：“妈，既然我这么乖，你能不能奖励一下?”妈妈说：“我就觉得太阳从西边升起来了，平时你回家总要看一会儿电视才肯去做作业，今天不但不看，还要帮我洗碗，我就觉得你小子肯定有‘阴谋’。说吧，要奖励什么？”豆豆说：“我的好朋友点点这星期要过生日，我想送给他一份礼物，可是我没钱，你能不能借我100元？”妈妈一听，皱着眉头说：“送个礼物要100元啊？今天才几号？我上星期不是刚给你零花钱了吗？”

原来，豆豆上初一年级以后，豆豆妈在每个月的1号都会给豆豆150元作为零花钱。她觉得孩子读初中了，有时总得有些花费，口袋里也要有些钱，按一天5元的标准，一个月150元应该是足够了。可是豆豆有时也会再要求妈妈另外给他个十几二十元钱，妈妈也没有特别在意。不过这个月才刚刚过了一周，他就又开口要100元，这可引起了妈妈的警觉。

豆豆妈问：“你们同学过生日都是怎么过的？花这么多钱要去买什么样的礼物？”

豆豆说：“有时是请大家到牛排店里撮一顿，有时是开个生日party什么的，总得要花个好几百吧。所以，我们的礼物也不能太拿不出手，又不是小学生了，送个笔记本、圆珠笔什么的太没面子了，我想送点点一个U盘，要100元左右呢。”

妈妈说：“既然这样，那你的零花钱呢？你每个月可是有150元的哦！”

豆豆眨眨眼，困惑地说：“我也不知道啊，反正已经花得差不多了。”

妈妈说：“这样不行啊，儿子，爸爸妈妈赚钱也不容易，你花钱能不能悠着点，这样吧，远的不说，你回忆一下，把你上个月零花钱的用处列一下，你要是能说清楚150元是怎么花的，我就借100元给你。”

豆豆一听妈妈同意给他钱，一下来了兴趣，他拿起纸和笔，开始回忆这笔“糊涂账”了。好不容易列出了个大概，看着这账单，他和妈妈都吃了一惊，在这笔账里，吃零食占了很大一个比重，他基本上每天都要在校门口的路边摊花上个三五元钱，还有一项就是买《足球周刊》，每周要花8元钱，这样150元就差不多了，如果自己再买点文具或是其他的，或者遇到同学过个生日等情况，就只能再向妈妈伸手了。

妈妈说："怪不得你最近回家总是胃口不太好，原来都吃路边摊去了，你不知道那些东西不卫生吗？如果上学觉得饿，从家里带个鸡蛋牛奶什么的也不难啊！"

豆豆低着头说："看到别人在吃，有时也会忍不住……"

妈妈说："还有，那个《足球周刊》，点点不是也有买吗？你们几个喜爱足球的同学为什么不能轮流买，交换着看，这样不就可以省下不少钱吗？钱该花的要花，但不能乱花，可以节约的，还是要节约，你们还不会赚钱，大手大脚的也不是什么光荣的事吧？"

豆豆不好意思地说："妈妈，我知道了，我试试看吧。"

镜头二

今天是星期六，天气有点闷热，但是点点还是跟往常一样，约好了几个同学去打篮球，这是他进入初一年级后最喜欢的运动。

到了将近6点时，点点才满头大汗地回到家里。这时妈妈正在准备晚饭，点点一进家门，就嚷嚷着："今天天气太热了，我都快渴死了。妈，凉开水放在哪里？""哦，我拿到这儿了，怎么啦？"妈妈在厨房里大声问道。点点跑进厨房，倒了一大杯开水，大口大口地喝着，生怕被人家抢了似的，妈妈看到点点这狼狈的样子，忙说："慢点，别呛着。"点点这才停下来，喘了一口气说："啊，真爽！今天我忘了带水了，真受不了。""我不是给你零花钱了吗？你没去买瓶矿泉水喝？你的钱呢？"

其实，点点是个很懂事的孩子，他的爸爸妈妈都是工地上的建筑工人，赚来的每一分钱都是辛苦钱、血汗钱，每次看到爸爸妈妈不顾一天的劳累还要抱着一堆捡来的空矿泉水瓶、硬纸板等废品回家时，点点就觉得很心疼。点点自己也很争气，学习很认真，成绩在班级上经常是名列前茅。他放学回来也会主动地帮妈妈做一些家务活，或是给爸爸捶捶背。这学期点点升上了初一年级，妈妈每个月给他50元作为零花钱，点点一开始还不大愿意拿呢。对这笔零花钱，点点主要是用于买一些学习用品，由于他喜欢打篮球，所以有时也会买几瓶矿泉水。点点花钱很有节制，虽然每个月50元基本上也没什么剩余，但点点也从来不会再向爸爸妈妈伸手拿钱。

不过，看到点点今天渴成这样，妈妈有点奇怪了：难道点点的零花钱已经花完了？妈妈心里想着。

“妈，我的零花钱还有……”点点说。

“那你怎么没去买瓶水呢？你看，都流了这么多的汗。”妈妈疼惜地说道。

“妈，没关系，我只不过今天忘了带水，回家喝开水也一样。”

“那你可以用零花钱买瓶水喝呀，如果零花钱不够，你跟我说一下，这学期老师不是经常叫你们要多买些课外书来看吗？该花的钱要花。”妈妈怕苦了孩子。

“你给我的零花钱够花了，我只是想把每个月的零花钱存一半起来，所以能省的我都要省下来，课外书我可以向其他同学借来看。”

原来，点点在上学期放假时，看了一本关于引导孩子正确认识财富、创造财富的童话故事——德国博多·舍费尔写的《小狗钱钱》，这本书给他带来了很大的启发。书中讲了一个叫吉娅的12岁女孩，在一次偶然的机会中救助了一只受伤的小狗，并给它取名叫“钱钱”。没想到，钱钱居然是一位深藏不露的理财高手，它彻底改变了吉娅一家人的财富命运，而吉娅的理财之路正是从处理自己的零花钱开始的……吉娅的经历深深地感动了点点，点点决定像吉娅一样，做一个能够为家庭分担一些责任的好孩子，因此，点点计划把每个月零花钱的一半以及春节时亲戚朋友给他的压岁钱都存起来，每学期开学时再拿出来做学费、生活费，虽然数量不多，但是至少可以减轻父母的一些负担，他还打算找个机会帮爸爸妈妈买份保险。

当点点把这一切原原本本地告诉妈妈时，妈妈的眼睛湿润了，她为自己有这样懂事的孩子而感到高兴。

镜头三

朵朵的爸爸妈妈平时很忙，基本上没时间照顾她，所以朵朵小时候经常是和爷爷奶奶生活在一起。正因为如此，出于一种补偿孩子的心理，再加上家里经济条件挺宽裕的，朵朵只要需要什么东西，妈妈都是二话不说，马上满足了她的要求。

其实，在奶奶家里，朵朵也没吃过什么苦，她是家里的“独苗”，是爷爷奶奶的掌上明珠，特别是奶奶对她更是疼爱有加，老一辈的人觉得他们那一代受到的苦太多了，现在有条件了，“再苦也不能苦孩子”，对朵朵是有求必应。所以，在朵朵的记忆里，自己要什么就有什么，不管是吃的穿的还是用的，都比别人好，平时也没有人限制她花钱，从来也不知道爸爸妈妈赚钱的辛苦。因此，她在不知不觉中养成了随便花钱的不良习惯。

今年，朵朵上初一年级了，朵朵妈考虑到了她的爷爷奶奶的年纪也大了，所以就把朵朵接到了自己身边来住，这样可以关心一下她的学习，也想顺便改变朵朵一些不好的习惯，特别是对于零花钱的使用。因此，朵朵妈规定：每个月给朵朵 200 元的零花钱，花完了不再给她。朵朵有点不情愿，以前可不是这样的啊，但她又一想：200 元已经比一般的同学多了，再说，花完了妈妈不会真的不给吧。朵朵这样想着，所以仍然像以前一样自己想买什么就买什么。

这不，朵朵的零花钱没有半个月就花完了，今天是周末，她约好几个同学要去郊游，连同车票和游乐场的门票，每人大概需要100元。所以，一大早，她就对妈妈说："妈，给我200元。"

"你的零花钱呢？这个月的200元不是已经给你了吗？"朵朵妈问道。

"早就花完了，我今天要和明明她们去郊游，每人要交100元，你得给我啊，还有，你再给我100元的零花钱。"朵朵理直气壮地说。

"这么快就花完……"妈妈有点不乐意了。这时，楼下的同学在叫："朵朵……"

朵朵急忙说道："妈，快一点，如果你不给的话，我去找奶奶要，她一定会给我的。几个同学正在下面等我呢！"

朵朵妈无可奈何地摇了摇头，边拿钱边说道："你这孩子，要节约一些……"还没等妈妈话说完，朵朵就急匆匆地接过妈妈手中的200元，飞快地跑下楼去，妈妈望着她的背影，无奈地叹了口气。

【心理对对碰】

现在的孩子大多有自己的零花钱，这钱是任由孩子自己支配，还是和孩子共同探讨花钱之道？不少家长都没有去深入思考这个问题，总觉得既然是零花钱，数量自然不多，又都是独生子女，也不会去和孩子计较这笔钱。其实，对零花钱的使用往往能看出一个孩子对于财富的态度，而对孩子零花钱的管理也往往能够看出一个家长的理财能力与教育水平。

豆豆经常在固定数额的零花钱花完了之后再向妈妈伸手拿钱，这种现象本来就应该值得重视，但是由于所要的数量不多，豆豆妈刚开始时也没有在意。直到豆豆要向她拿100元时，她了解到儿子是为了给同学买生日礼物，这时，她才开始过问豆豆零花钱的用途。不问不知道，一问吓一跳，原来豆豆的零花钱主要是用在买路边摊的零食上了，这对孩子的身体当然是不好的，且不说路边的麻辣烫、烧烤什么的很不卫生，即使卫生符合标准，长期吃这些东西也对健康极为不利。同时，对于豆豆每周都买《足球周刊》这事，妈妈觉得豆豆也可以改变一下方法，和志同道合的同学一起轮流购买、交换着看，应该说这也是一个不错的建议。但是这些还只是妈妈自己的想法，至于是否能够落实到豆豆的生活中，还得看今后妈妈对豆豆的具体指导。相信这次“零花钱风波”过后，豆豆应该会对自己的零花钱到底应该怎么使用有一个更明智的选择。

点点生长在一个勤俭节约的家庭里，父母在工作之余还不忘捡些废品来卖以补贴家用，都说“穷人的孩子早当家”，其实，穷人的孩子不当家也不行，点点的家境与父母的举动都会对他产生影响。有了这种不能乱花零花钱的意识，再加上受到《小狗钱钱》这本书的启发，点点就有了符合自己实际的对零花钱的使用计划了。他连一瓶水都舍不得买，宁愿忍着干渴回家喝开水；他把为数本来就不多的零花钱存一半起来，打算在必要时为父母减轻负担；他还计划为父母买保险……虽然他并没有像吉娅那么多的收入渠道，但他还是在做着自己力所能及的事，在正确地处理自己的零花钱，而其中点点父母的言传身教是一个重要的原因。

朵朵对零花钱的过度使用是一种很有代表性的现象。她的父母因为自己在感情上有些亏欠孩子，而想在物质上尽量满足孩子的需要，这样会使孩子觉得她想要什么都可以得到，从而对属于自己的、包括零花钱在内的东西并不珍惜。同时，由于隔代教育常有的溺爱现象，朵朵的爷爷奶奶也没有对她进行处理零花钱方面的教育，导致每月200元的零花钱总是很快被朵朵挥霍一空。而当她再向妈妈要钱时，妈妈也并没有严格按照事先约定的“花完了就不再给钱”原则，还是满足了她的不合理的要求，其实这样会让朵朵得寸进尺，从而不能树立起正确使用零花钱的观念，对她今后怎样合理地支配自己的财富也会带来不利的影响。

【专家面对面】

金钱是社会物质财富的一种符号，钱本身无所谓好坏。其实，孩子手头有一定的零花钱，这并不是坏事，关键是家长要教育、引导孩子正确管理和使用手中的钱，从小树立正确的消费观。孩子的乱花钱其实折射出家庭教育中理财教育的缺失。研究表明，儿童时期的理财方式往往会伴随一个人的终生。理财能力是关乎人一生幸福快乐的重要能力之一。教育孩子懂得节约用钱，其目的不仅仅是对金钱的合理使用，更重要的是培养孩子的意志品质，使孩子获得自立能力。孩子上了初一，具有一定的自制力，也有一定的消费需求，所以家长适当给他们一些零花钱是应该的。但是，如果孩子花钱大手大脚，没有计划，而家长没有加强引导，其主要责任则是在家长身上。

一、家长要做到以身作则，引导孩子正确使用零花钱。

家长是孩子的榜样，家长对待物质的态度也会反映在孩子身上，所以不妨反省一下，自己是不是热衷于逛商场，是不是会轻易地乱花钱、非理性购物？给孩子的零花钱数目是否合适，给钱的态度是否让他觉得很慎重？这些都会影响到孩子对消费的理解。专家认为，孩子对购买东西感兴趣，正是家长帮助孩子进入商品社会的好机会，只要能耐心巧妙地介绍和引导，就可以让孩子学到不少商品知识、社会知识和消费观念。对孩子的教育是贯穿在日常生活中的，家长现在讲的内容，孩子不一定全部接受，也不一定都能理解，但会受到潜移默化的影响。玩乐和享受是每个人的天性，每个孩子都爱玩具和零食，合理的要求是应该满足的，但要有所克制。而初一阶段的孩子，本身已经具备了一定的克制能力，所以家长可以以身作则，帮助孩子养成克制的习惯，比如：如果孩子一周不买零食，家长就一周不在家吸烟；或者孩子积攒了多少零用钱，家长就可以奖励同样数目的钱，等等。这样逐渐培养孩子的自我控制能力，从而也培养了孩子的理性消费。

二、培养孩子责任心，养成不乱花钱的习惯。

对孩子提出的合理要求，家长在力所能及的情况下可给予满足，但要延缓满足；对于无理要求，家长应当断然拒绝。要让孩子从小就知道钱来之不易，家长可以抽空带孩子到自己工作的地方，让孩子亲眼目睹家长辛勤劳动的情景，懂得劳动的价值，从而让孩子能够珍惜家长的辛苦钱，养成勤俭节约的习惯，培养他们正确的消费观。如果家长都把孩子的消费看作是培养人的大问题，就不会出现孩子乱花钱的现象，这才是真正爱孩子。

三、帮助孩子制订开支计划，让孩子适时参加家庭经济活动，学会理财。

如今的独生子女越来越多，不少都是成长在比较富足的生活环境中。进入初中后，很多家庭都或多或少给孩子一定数额的零花钱，而这时孩子正处于从不成熟阶段向成熟阶段的过渡时期，可塑性比较强，家长指导并监督孩子合理使用零花钱和压岁钱，是十分必要的。帮助孩子制订一个开支计划，引导他们思考：什么东西是必要的、急需的，应优先考虑。帮助孩子建立一个账本，孩子的钱由他们自己使用，但必须记账，家长月底检查做个分析，以监督孩子零花钱的支出，知道钱花在哪里，有哪些钱是不该花的。同时，也可以让孩子参加家庭经济活动，比如：让孩子当1～2月的“家庭财政部长”，让孩子当家，懂得柴米油盐之贵，才知道生活之艰难；让孩子知道钱是怎样辛苦地赚来的，又是怎样在家长手中合理地花费的，养成勤俭节约的好习惯；让孩子克制乱花钱的欲望，学会对自己的钱负责和合理使用，建议孩子把一部分零花钱存到银行或放到储钱罐里，再进行一些理财教育，这也是孩子终生受益的处世能力。

【想与做】

想一想

1. 家长题：平时给孩子零花钱吗？你们认为应该给初一的孩子多少零花钱会比较适合？

2. 孩子题：父母每个月给你的零花钱够吗？你的零花钱主要用于什么方面的消费？

做一做

1. 亲子共做：让孩子参与一些家庭理财计划，比如由孩子负责记一个月的账，让孩子了解家庭收入和支出，亲身体会如何理财。

2. 孩子题：把自己每一天的开支记下来，坚持一个月，最后算一算这个月剩下多少或超支多少。

班级第一名吗？那年段最高分是多少？
这张考卷不难，怎么没拿满分呢？
英语

为你喝彩

【长镜头】

从心理学的角度来讲，每个人都渴望正面的评价，赞扬或者鼓励能让人精神焕发，做事更有效率，从而进入一个良性循环的状态。而孩子更是如此，父母的表扬与鼓励能使他们获得成就感，对未来充满信心，从而更加自信地投入到学习生活中。初一年级的孩子独立意识日益增强，有些家长认为，孩子已经“长大”了，他们有自己的想法，不需要父母的鼓励了。其实不然，初一年段是孩子从幼稚走向成熟的关键时期，他们的内心还是很脆弱的，在学习和生活中会遇到各种各样的困惑，也会产生退缩的行为和自卑情绪，这时更需要家长的鼓励。

【家庭万花筒】

镜头一

今天是周六，不用上学，可是一大早，明明妈妈就起床准备早餐了。原来明明要去参加区里的“迎新春中学生乒乓球赛”初中女子甲组的比赛，这可是全家人的大事。受爸爸的影响，明明很喜欢运动，读小学时，每到周末时总是会和爸爸妈妈去跑跑步，或者打打乒乓球、羽毛球。这次乒乓球比赛明明本来没什么把握，因为她真正向教练拜师学乒乓球的时间加起来不超过两个月，而且是在小学三年级的时候，其余都是和爸爸妈妈打着玩的。进入初一年级后，学习比较紧张，只在周末时偶尔会到小区的乒乓球室打一会儿。这一次的乒乓球比赛，学校有两个初中女子组的名额，可是没人报名，而且她的同桌、乒乓球打得很好的豆豆告诉她说，这次女子甲组有几个是他的师姐妹，实力非常强，连男生都很难打得过她们，小学时还曾经获得市级比赛冠亚军呢。但是在爸爸妈妈的鼓励下，最终明明还是决定去试一试，会会这些“高手”。

明明和爸爸妈妈提前20分钟来到比赛场地，这里已经来了很多选手，个个精神抖擞，跃跃欲试，有几个已经在场地上练球了，“乒乒乓乓”的击球声和呐喊声响成一片。明明看到几个练球的女生招式有板有眼的，动作很潇洒，她一下子备感压力。

“妈妈，怎么办？人家都那么厉害，我肯定打不过她们。”明明担忧地问。

“没事，有爸爸妈妈给你加油，你把你的水平发挥出来就可以了。妈妈支持你！”妈妈鼓励明明说。

“如果输了，怎么办？”明明还是信心不足。

“打球的目的是锻炼身体，增强意志，比赛时努力争胜，输了也没关系，你尽力就好。”妈妈语重心长地说道。

8点，比赛开始了，明明的第一个对手上场了，个子比她高大多了。比赛前双方先练球，因为太紧张的缘故，结果明明几乎都打不到球，可是爸爸妈妈在旁边一直鼓励明明：“明明加油啊！没关系，就这样打。”比赛正式开始了，明明第一局打得还是很紧张，稀里糊涂就输了。爸爸递毛巾给她，并对她说：“对手是比你强，但要放开去打，即使输了，也要让对手出身汗，才能赢得别人的尊重。”明明冷静下来了，渐渐进入状态，虽然最后还是输了，但输得不难看。一个小时过后，第二场比赛又开始了，球场上不时传来爸爸妈妈的喊声："明明，好样的！明明，加油！"可惜对手实在太厉害了，特别是发球，一会儿上旋，一会儿下旋，长短结合，变化很多，明明常常接不好，最终还是以 1: 3 输了。妈妈仍然微笑地对她说："宝贝，打得真不错！"

"有几次机会我没把握好，唉！"明明有点失落地说。

"你已经很棒了，主要是没有比赛的经验。以后有机会多参加几次，就会更好了。想当年爸爸在你这个年龄，都不知道乒乓球是方的还是圆的呢！"爸爸装着惭愧的样子对明明说，这下子把明明给逗乐了。

虽然这次比赛最终以失败告终，但是明明一点儿都不沮丧，因为通过比赛，她感觉自己学到了很多东西，在失败中她会积蓄更多力量去迎接下一次的比赛，她相信未来。而爸爸妈妈的鼓励与支持使比赛的输赢变得并不重要了。

镜头二

朵朵并不是一个很聪明的孩子，但是她自尊心很强，非常在意自己的学习成绩，这也和妈妈有关，朵朵妈妈对她的要求很严格，所以在学习上她十分刻苦、勤奋。在小学升学考时，她以全县第一名的成绩考入一中。进入初一年级后，由于刚开始还比较不适应，在数学第一单元考试中，朵朵考了 96 分，班级第三名，她心里一直想："这次可惨了，妈妈一定会批评我的。"

正如朵朵所料，妈妈习惯了朵朵考第一名的成绩，看到她考 96 分，不仅没表扬她，还狠狠地训斥了她一番，朵朵自己也很伤心，她向妈妈保证下次一定考全班第一名。

朵朵更加争分夺秒地读书，连周末的时间也不放松，课本里的习题、妈妈买的“尖子生题库”，她都一题一题地过关了。第二单元的考试成绩出来了，朵朵考了 90 分，排在班级第一。这下子妈妈肯定会表扬我的，朵朵心里想着。

朵朵兴高采烈地拿着考卷跑回家，一进门就对妈妈说：“妈妈，我第二单元的考试得了 90 分，是班级第一名。”

这时，妈妈在厨房里忙着做饭，而爸爸坐在客厅里看报纸，听到朵朵这么一说，爸爸放下报纸说道：“拿过来让我看看。”朵朵把考卷递给爸爸，爸爸一看就皱着眉头，说：“这张考卷不难，怎么才 90 分呢？”妈妈也从厨房里走出来，一看没考满分，就问：“班级第一名吗？那年段最高分是多少？”

“听说全年段有两个 100 分。”朵朵小声地回答。

“这次考得不错，但是下次还要考满分回来，争取年段第一名。”妈妈还是用带点遗憾的口气对朵朵说。

“嗯，好的。”朵朵说。爸爸妈妈的话好像一盆冷水倒在朵朵的身上，浇得她没有一点成就感。其实，考了班级第一名，本想让爸爸妈妈夸奖自己，让他们分享自己的快乐心情，没想到爸爸妈妈的要求变成了全年段第一名，对自己的成绩并不是很满意。朵朵拿着妈妈已经签好名字的考卷走进自己的房间，无精打采的。到底要什么样的分数爸爸妈妈才能满意，才能达到他们的要求呢？朵朵想着，对学习也少了很多的兴趣。

是啊，在妈妈的心里，什么都要力求最好的，自从开始上学，妈妈就千方百计地把朵朵送到最好的学校读书，她认为好的学校才有好的老师，自己的女儿应该接受最好的教育。参加特长班学习，妈妈也要最好的，比如让朵朵学钢琴，她要打听谁是全市最好的钢琴老师，最好获得过国家级奖项的；学书法，书法老师必须是全国书协会员，等等。朵朵周末也经常奔波于妈妈为她报的各种特长班，她也努力在学，可是什么时候才能达到妈妈定的标准，她并没有把握。对于进入初一年级的朵朵来说，她也需要妈妈的一些鼓励，可是耳边响着的一直是妈妈批评的话……

镜头三

点点出生于一个普通的家庭，从小爸爸和妈妈就到别处打工，只有到了春节才回家过年，小学时点点和爷爷、奶奶住在一起。今年开学就要读初一了，爸爸妈妈一合计，决定让点点跟他们到打工的城市读初一。由于小学基础比较差，又要重新适应一个新的环境，爸爸妈妈文化水平又不高，所以点点只能靠自己，感觉学得很吃力，学习成绩很不理想，可是爸爸妈妈并没有去责备儿子，他们知道小孩子读书也挺辛苦的。所以每当点点拿着并不理想的成绩单回家给爸爸签名时，爸爸总是会拍拍儿子的肩膀说："儿子，没事，加油！"妈妈也报以会心的微笑，说："点点，加油，你一定行的。"

于是，在爸爸妈妈的鼓励下，点点更加努力地学习，成绩开始有起色，第三单元的英语考试，点点考了 60 分，第一次及格了。当他把考卷拿给爸爸看，爸爸竖起大拇指对点点说："儿子，你真棒！我们就知道你很聪明，你以后会做得更好的。"

"嗯，爸爸，我会努力的。"点点自信地点了点头。

从此，点点对初一的各个学科制订计划，合理地安排时间，不懂的地方及时地请教同学和老师，很快地就赶上其他的同学。每次看到爸爸妈妈那疲惫的身影，点点就感到一股无形的压力，但是，爸爸和妈妈的每时每刻的鼓励促使他不断努力向前。真的是"功夫不负有心人"，在上学期的期末考试中，点点从班级倒数第 2 名进步到第 20 名，获得班级的进步奖。回到家，爸爸妈妈看到奖状，高兴得像过节似的，妈妈拥抱着点点说道："我的儿子是最棒的。"

点点的学习在进步，但他不仅仅是一个只会读书的孩子，其他方面也做得不错。在同学的眼里，点点也是乐于助人的好同学。有一次，他的同学豆豆在体育锻炼时，不小心摔伤了脚，点点主动地送豆豆到医院包扎伤口，处理完伤口后把他送回家。点点回到家已经很迟了，爸爸妈妈正急得像热锅上的蚂蚁一样，后来点点解释了事情的原委，他们高兴地对他说："你是好样的，但下次一定要先打个电话回来。"点点不好意思地说："对不起，让你们担心了，我下次会记得的……"

【心理对对碰】

在孩子的一生中，他们会从父母那里得到很多东西，有些东西会随着孩子的成长而淡化，随着父母的老去而消逝，然而，孩子从父母那里得到的最宝贵的也是最永恒的东西，就是父母的赏识和表扬，那是一种无穷的力量。这种力量，使孩子学会了自立、自强，使孩子有了前进的勇气，取得一个又一个的成功。对于正在成长中的初一年级的孩子，当他们获得成功时，家长要及时给予喝彩；当他们遇到挫折和困难时，家长要及时给予鼓励，让他们重新树立信心。

人的一生有很多次比赛，这意味着就有输赢，如何对待孩子的输赢，家长的态度会影响着孩子的健康成长。不管输赢，明明爸爸、妈妈都能及时进行鼓励，为她加油。因为明明并没有系统地学过乒乓球，面对"高手"，如果没有父母的鼓励，她会更紧张，在比赛中无法发挥出自己的水平。正因为如此，明明爸妈的"加油"是非常重要的。虽然明明最终以失败告终，但虽败犹荣，在失败中她学会更多的东西，这是人生中一次小小的比赛而已，爸爸妈妈的鼓励与支持让她不会灰心丧气，相信在以后的生活中她会不断地挑战自我。

在很多情况下，当孩子在学习或其他活动中获得了优秀成绩时，孩子首先想到的是把这一好消息告诉父母，想让父母和自己共同分享成功的喜悦。而镜头二中，朵朵是一个学习极其勤奋的好孩子，当她把自己考得班级第一名的消息告诉父母时，父母不但没有表示赞赏，而且还提出更高的要求，这在一定程度上挫伤了孩子学习的积极性。朵朵爸妈对朵朵的要求非常严格，总是要求她的成绩要达到第一名，没达到他们的标准时便对孩子进行斥责。其实，朵朵也是一个很懂事的孩子，尽量按照妈妈的要求去做，但对于正在成长中的孩子来说，父母的鼓励是必不可少的。所以，对于朵朵的成绩，朵朵的父母应该认真对待，不但要对孩子表示赞赏，并且还要对孩子所取得的好成绩表示祝贺和鼓励，让孩子明白之前的努力和奋斗很有成就，才能更好地激励着朵朵前进。但是，很遗憾的事，朵朵的爸爸妈妈并不明白这个道理，而总是以挑剔的眼光来严格要求孩子，什么都要做得最好，很少对朵朵的努力进行鼓励和喝彩，这将会影响到朵朵对以后学习等各方面的自信心和进取心。

点点父母是懂得时时给孩子喝彩的家长，他们的文化水平低，但见识却不低，对孩子懂得赏识与放手，他们的鼓励使点点一步一步地成长起来。有一个案例和点点家很相似：美国有一个家庭，母亲是俄罗斯人，她不懂英语，根本看不懂儿子的作业，可是每次儿子把作业拿回来让她看，她都说："棒极了！"然后小心翼翼地贴在客厅的墙壁上。客人来了，她总要很自豪地炫耀："瞧，我儿子写得多棒！"其实儿子写得并不好，可客人见主人这么说，只好点头附和："不错，不错，真是不错！"他的儿子由此获得了自信，后来真的越写越好，于此可见鼓励对于孩子的重要性。同时，点点父母并不是只看重孩子的成绩，对孩子的做人也有比较正确的引导和评价，对点点帮助同学的行为及时给予肯定，这对点点的成长也是有帮助的。

【专家面对面】

孩子的自我评价意识开始只是一种模糊的概念，其自我评价主要来源于成人的评价效应，比如父母经常对孩子说："你很聪明，如果你再努力一点，你会做得更好！"这会对孩子的成长大有帮助。在孩子的成长过程中，他们最渴望的是得到父母的重视、关心。哪怕只是一句简单的表扬，一个关切的眼神，有时也会给他们带来莫大的影响，起到意想不到的作用。家长的鼓掌与喝彩是打开孩子创造心灵的钥匙。

一、认识并重视孩子需要鼓励的心理需求。

美国有位心理学家曾经做过这样一个试验：他将他的学生分成三组，对第一组表示信任并予以赞美与鼓励，对第二组采取不管不问放任自流的态度，对第三组则不断给予批评。试验表明，被经常鼓励的第一组进步最快，总是挨批的第三组有些进步，而被漠视的第二组则在原地踏步。从这个例子我们不难看到孩子在成长过程中，是多么需要鼓励、喝彩与掌声。而父母在与孩子朝夕相处时，要更多地关注孩子的健康成长。鼓掌与喝彩是开发孩子创造力的催化剂。家长欣赏的眼光、赞赏的话语，都会给孩子带来莫大的快乐，使孩子以更好的状态投入到各个方面的学习中。初一年级，虽然孩子独立意识和自主性增强，但是面临着重新去适应一个新的阶段，可能会遇到一些学习方面的问题和人生的困惑，这时需要家长时刻关注，并给予鼓励。每个孩子都有很多潜能，潜能的发挥与父母的鼓励是分不开的，应经常给孩子投以鼓励和欣赏的目光，会让孩子拥有更多的自信。当孩子把获得的成功消息告诉父母时，这时他们最需要父母给予肯定和赞扬，而家长要有一颗真诚、热爱、赏识孩子的心，在一定的场合，家长的一句话可以产生巨大的"现场效应"，有时甚至可以改变孩子的一生。

二、学会宽容孩子，容忍孩子的缺点和失误。

有人说："一个未曾犯过错误的人永远也不会成熟，就像一个从未摔过跤的人肯定不会走路一样。"在孩子成长的过程中，错误和失败也同样是一笔财富，因为错误和失败能够让孩子获得经验、学会坚强，变得成熟，取得成功。因此，我们面对孩子的缺点和缺陷不要嘲讽、责怪甚至放弃，而是应该抱着赏识孩子的态度，去宽容他、安慰他、鼓励他、热情地拥抱他，相信孩子一定能还给我们一个奇迹。大家都知道，美国著名的成功学大师拿破仑·希尔从小就被人认为是一个坏孩子，人们甚至会认为他是一个"应该下地狱"的人。但是后来由于继母的赏识和鼓励，希尔发现了自己的优点和长处，从而找到生命的转折点，终于取得了成功。

因此，作为父母，我们应该多给孩子一些鼓励和喝彩，宽容地对待他们的缺点，努力挖掘孩子身上的亮点，为他们感到自豪和骄傲，帮助他们重新树立起自信，保持良好的心态，让他们在人生的长河中自信自强，脚踏实地，一步步迈入成功的殿堂。

三、把握好鼓励孩子的时机，注意方式、方法。

初一年级的孩子正像要开放的花朵一样，父母的鼓掌与喝彩如同春雨甘露。当他们取得好成绩时，需要得到父母的认可，这时，家长就要及时表扬孩子，为孩子喝彩；当他们遇到困难需要帮助，也需要得到父母的鼓励，家长要用心去发现孩子身上的每一个闪光点，及时为孩子喝彩。除了学习上的进步，孩子在思维方式、心理等方面取得的点滴进步，家长都要为其喝彩。另一方面，初一年级的孩子毕竟还没有成年，很多思想都还不成熟，需要得到家长的认可。同时家长也要让孩子知道自己存在的不足。家长要用适当的方式表达自己的意见。要注意不能拿别人的标准来衡量自己的孩子。

著名的文学家韩愈曾经说："业精于勤，荒于嬉。"这说明勤奋是一种优良的品质，是一个人取得成功的重要因素。对于父母来说，在夸奖孩子的时候，要注意不仅仅只夸孩子聪明，更为重要的是鼓励和肯定孩子的勤奋和努力。这不但可以帮助孩子在遇到挫折的时候不气馁，而且还给孩子指明了成功的方法和努力的方向。在此同时，家长对孩子的鼓励不要过于频繁，学会把握分寸，防止“过犹不及”。因此，家长要把握好鼓励孩子的火候和频率，在孩子最需要鼓励的时候及时给予鼓励，这样的效果才是最好的。

【想与做】

想一想

1. 家长题：孩子最近哪些方面有所提高，是否及时给予鼓励、表扬？

2. 孩子题：找出自己几个不足之处，确定今后的努力方向。

做一做

1. 亲子共做：各自写出对方的优点，一起分享。

2. 孩子题：列出自己在最近一段时间要达到的目标，制订实现的计划。

妈，那是以前的事，何况看课外书我也是有收获的。现在是初一年级了，老师说，进入初中，要增加课外的阅读量，这样知识面才会更广，对于提高语文成绩也有帮助。
我是不懂得这些，你别用老师的话来哄我就行。

今天是“世界读书日”

【长镜头】

今天是 4 月 23 日，世界读书日。早在 1995 年，联合国教科文组织第二十八次大会通过决议，正式确定每年 4 月 23 日为“世界图书与版权日”，人们一般也称之为“世界读书日”。这一天也是两大文豪——西班牙作家塞万提斯和英国作家莎士比亚的辞世纪念日。可是如今有多少家长知道这个节日呢？不少家长都认为读书应该是孩子的事，跟他们没有什么关系。是啊，在当前的社会现实中，工作和生活的压力已经让很多家长感到力不从心了，哪有心思去读书！但还是有一些家长或者利用周末的时间陪孩子去书店看看书，或者每天饭后、睡前也捧起书，和孩子一起体会阅读的乐趣，感受知识的魅力。如果能够以自己的举动让孩子爱上读书、喜欢阅读，家长何乐而不为呢！

【家庭万花筒】

镜头一

点点一回到家，就对妈妈说：“妈，今天是世界读书日，老师说我们要多读些书，知识面才更广。”

点点妈忙着炒菜，随口说："你每天不是都在读书吗？不然上学是干什么的?"

点点说："这不一样，老师说的是要读一些课外书。"

妈妈说："今年上初一了，课外书要少看，不能再像小学那样了，整天看什么童话书。"

原来，点点小学的时候就很爱看课外书，特别是童话，但妈妈却经常责怪点点总是看那些"没用"的书，叫他要把主要精力放在看"正规"的书——学校统一发放的教材，其他则都是被她列为"另类"。有时点点带童话书去学校看被老师没收，妈妈还"幸灾乐祸"的，觉得老师在替她管教这个"不听话"的孩子呢！

所以今天点点一说到课外书的事，点点妈就有点生气，她说："你以前看了那么多的书，有什么用吗？语文成绩还不是一塌糊涂，作文经常不及格。"

"妈，那是以前的事，何况看课外书我也是有收获的。现在是初一年级了，老师说，进入初中，要增加课外的阅读量，这样知识面才会更广，对于提高语文成绩也有帮助。"点点放下书包，一口气说完这些，想让妈妈明白。

"我是不懂得这些，你别用老师的话来哄我就行。"妈妈开始用比较缓和的口气对点点说。点点妈由于小时候家里条件不好，小学毕业后就没再读下去了，也没看过几本书，知识懂得不多，现在只能在家里当家庭主妇。所以，她一直希望点点能够认真读书，将来考上大学，找个好工作。可是今天点点回来跟她说什么"世界读书日"，她是连听都没听说过，只知道孩子能把学校规定要读的书读好就行，其他的课外书她觉得都不是什么正经的书。

"妈，那真的是老师要求的。我知道以前做得比较过分，有时控制不了自己，所以上课偷看课外书是不对的。现在我懂事了，这不，老师给我们列了一大堆初一年级必读的书目呢！比如《鲁滨孙漂流记》、《昆虫记》、《繁星·春水》……这些我都没看过。”点点激动地说道。

“要看那么多其他的书？那课文里的内容呢？还有，考试会考到课外书吗？”妈妈不解地问道。

被妈妈这么一问，点点愣了一下，他倒真不知道考试会不会考课外书里的内容，平时他考试成绩也不算太好，所以就有点心虚了，于是支支吾吾地说：“课堂上我会认真听的，妈，你拿些钱给我买课外书吧。”

“不行，把你们学校发的书先读好再说吧。”妈妈坚决地回绝了点点。

点点有点无奈，看来他现在只好做到“两耳不闻窗外事，一心只读‘圣贤’书”了。

镜头二

朵朵是在一个书香家庭里长大的，奶奶和爸爸都是教师，喜欢看书，家里的书装了满满两个书柜。小时候，爸爸妈妈经常讲故事给她听，《西游记》、《白雪公主》等都是她最爱听的故事，有时爸爸妈妈讲累了，就放磁带录音给她听，后来朵朵竟然会学着磁带里的声调，绘声绘色、一字不漏地把《白雪公主》的故事讲给爷爷奶奶听，他们高兴极了，笑得都合不拢嘴。读小学以后，朵朵认识的字越来越多，在爸爸妈妈的影响下，她也特别喜欢看课外书，平时只要有空，她就会捧着一本书坐在沙发上，沉醉在书中，有时会因为故事里主人公的悲惨命运而哭泣，有时会被书里有趣的情节逗得哈哈大笑。她跟爸爸妈妈说：“如果让我看书看一辈子，我也不会觉得累。”阅读，成了朵朵生活中一个很重要的内容，书也是朵朵最喜欢的礼物，所以，每逢她的生日和“六一”国际儿童节，爸爸妈妈总会买很多书送给她，当然，爸爸妈妈挑书是很有眼光的，朵朵总是能开卷有益。

功夫不负有心人，由于平时的积累，朵朵课堂上思路开阔的回答和“渊博”的知识让老师惊叹不已，她的作文经常被老师当做范文，还有几篇发表在《作文大王》等报纸杂志上，成了同学们羡慕的“小才女”。

进入初一年级后，学习任务繁重了许多，但朵朵对阅读仍然保持浓厚的兴趣，平时经常是全家人坐在一起阅读，有时会一起探讨书中一些精彩的片段等内容，因此朵朵家被亲戚朋友戏称为“三好书屋”。

今天，朵朵一回到家，就向爸爸宣传：“爸，今天是 4 月 23 日——‘世界读书日’，听说莎士比亚就是在这一天去世的呢！”朵朵爸笑而不答，拿起桌上的一个包裹递给她，说：“你看看这是什么？”朵朵又惊又喜，说：“难道是书吗？”她手忙脚乱地拆开包裹，果然，里面是一套她心仪已久的《美国国家地理杂志》，她高兴得手舞足蹈，放下书包就开始看起来。

爸爸说：“你又忘了我们的约定了吗？”朵朵赶紧说：“没，我翻一下目录就好了。”原来朵朵经常看书看得忘了做作业、忘了吃饭，所以爸爸妈妈和她约法三章：回家要先把作业做完才能看书；如果是周末作业比较多，也要先安排好分哪几个时间段做完，其他的时间才能看书。刚开始时朵朵还很难控制自己，于是爸爸就会把书藏起来，让她着急几天，有时父女俩还为这事“吵架”呢！不过朵朵还是意识到父母的苦心，开始自觉地按约定来做，养成了良好的学习习惯，不但做到课外阅读与学习两不误，而且还促进了学习。

镜头三

今天是 4 月 23 日，豆豆爸从报纸上了解到这一天是“世界读书日”，于是一下班，就和几位同事直奔书店，各买了一些书带回家给自己的孩子看。都说课外阅读对初中生的学习有重要作用，可是豆豆已经是初一年级的学生，爸爸却很少看到他阅读课外书。今天，他想给豆豆一个“惊喜”，引导豆豆多进行课外阅读。

书很有分量，豆豆家住7楼，没有电梯，豆豆爸拎着书回到家里，已是气喘吁吁。豆豆还没回来，豆豆爸把装书的袋子放在醒目的位置，耐心等着儿子。过了好大一会儿，豆豆才满头大汗地回来，一进家门，爸爸就迫不及待地问道："你又跑去哪儿玩了？你不知道今天是什么日子吗？"

"今天是什么日子？"豆豆疑惑地问。

"老师没告诉你们？今天是'世界读书日'。"爸爸连忙解释道。

"噢，老师上课时好像提到过。爸，你是怎么知道的？"豆豆摸了摸自己湿漉漉的头，回答说。

"我从报纸上看到的，你看爸爸给你买了什么东西？"爸爸指了指桌子上的书对豆豆说，希望儿子能够喜欢。

豆豆打开袋子，发现里面有不少书，包括几本教育部推荐的初中语文新课标指定书目里的名著，还有一些时下流行的校园小说。可是豆豆好像不是很兴奋，他说："爸，你说的是这些书啊？学校发的那些教材我都读不完，哪有时间去看这些书？"

"可是大家都说，进入初中后，要多看课外书，才能提高语文成绩。你平时语文成绩就不是很好，特别是作文，老是写不够规定的字数，这主要是缺乏课外阅读。我今天和朵朵爸爸等几个同事一起去逛书店，朵朵的学习成绩很好，这次全校的作文竞赛又得了一等奖，她爸爸说朵朵平时就爱看书。你以后少在外面疯玩，多花点时间来看看这些书，说不定你的成绩也会很快提高的。"爸爸语重心长地对豆豆说。

但是，豆豆对爸爸的话还是似懂非懂。他只知道如果作业没完成，老师就会进行处罚，或者会把家长叫到学校批评，他可不想这样，所以平时他会尽量把老师布置的作业做完，但课外阅读就顾不上了。他很好动，课余时间就是和几个同学在一起玩闹。他也不习惯安静地坐着看书，除了一些漫画书之外，他对课外阅读提不起什么劲。所以，对今天爸爸给他买的书，他其实一点儿也不感兴趣。但是他还是很有礼貌对爸爸说：“谢谢爸爸！”随手翻了几下，就把那些书晾在一边了。

【心理对对碰】

莎士比亚曾经说过：“生活里没有书籍，就好像没有阳光；智慧里没有书籍，就好像鸟儿没有翅膀。”阅读对人成长的影响是巨大的，作家余秋雨说过：“阅读的最大理由是想摆脱平庸，早一天就多一份人生的精彩，迟一天就多一天平庸的困扰。”一本好书往往能改变人的一生。人的精神发育史，应该是他本人的阅读史；而一个民族的精神境界，在很大程度上取决于全民族的阅读水平。中华民族之所以成为礼仪之邦、文明古国，一个重要原因就在于我们是一个热爱学习、勤奋读书的民族。

今天是“世界读书日”，点点本想和妈妈好好商量一下，让自己多读点课外书，可是妈妈由于知识水平不高，没有认识到课外阅读对孩子的帮助，并且因为以前点点看课外书被老师没收的事，而对课外阅读产生偏见。儿童对外部世界有着强烈的求知欲望，而他们对于世界的了解有很大一部分是要通过阅读，特别是课外阅读。点点上课看课外书当然是不对的，但这并不是课外书本身的错，只要注意方式，适量的课外阅读对孩子的学习是很有益的。只知道读“学校发的书”显然是不够的，特别进入初中后，对学习的帮助作用就显得更为突出。当然，点点已经是初一年级的学生，懂得的知识和道理比妈妈多，他应该继续和妈妈沟通，充分运用关于阅读、关于“世界读书日”的知识，尝试改变妈妈的观念，同时以自己的行动证明课外阅读的重要性。

和点点家的“先天不足”相反，朵朵生活在一个知书达理的家庭，从小就受到书香的熏陶，养成了爱读书的习惯，以至于因为太沉迷于读书而耽搁了做其他事情。朵朵父母因势利导，帮助她形成合理的读书方式，并且在书籍的内容上加以把关，使朵朵一直能够与好书为友，并从中获益，这也是很重要的一个方面。有人说过：读一本不好的书就意味着你失去了读一本好书的时间，因此，选择什么样的书给孩子应该值得父母重视。而“世界读书日”这一天，朵朵爸爸给她买了她一直想看的书，满足了孩子的合理的愿望，有利于激发她读书、学习的热情，深化对这个特殊节日的感受，也是一种有效的教育。同时，朵朵爸妈平时也很注重自己的言传身教，这也是朵朵爱读书的一个重要的因素。

豆豆爸爸能够利用“世界读书日”的契机给孩子买书，这是很好的举动。但是另一方面，也可以看出他平时对孩子的课外阅读其实关心得还是不够的，因为豆豆对课外阅读一直都没有什么兴趣。今天虽然是“世界读书日”，但想在这一天之内改变豆豆的习惯显然不大现实。豆豆好动、爱玩闹，下午放学也因此而经常没有及时回家，对这一点要适当进行批评，让他留出更多的时间用于阅读。同时要想办法让豆豆能够静下心来读一些书，比如他对于漫画书并不排斥，因此豆豆爸可以考虑先买一些名著改编的漫画、连环画给他看，慢慢引发他的兴趣，再引导他看原著。也可以先给他看一些篇幅比较短小的作品，再循序渐进，阅读一些长篇。

【专家面对面】

高尔基说：“书籍是人类进步的阶梯。”书籍是人类知识和文化的载体，是人类智慧的结晶。它能够突破时间和空间的限制，实现不同时代、不同地域的知识和文化的传播、交流和融合。而读书是人们获取知识和信息的重要手段，是人类吸取精神能量的重要途径，古人云：“腹有诗书气自华，最是书香能致远。”1972 年，联合国教科文组织向全世界发出了“走向阅读社会”的号召，要求社会成员人人读书，让读书成为人们日常生活不可或缺的部分。如何让孩子爱读书、读好书，养成良好的阅读习惯，是许多家长关心和关注的问题。对于进入初一年级的孩子来说，加强课外阅读越来越显示出它的重要性。2012 年“世界读书日”的主题是“阅读，让我们的世界更丰富”，相信孩子通过阅读能使自己的认知世界更加丰富。

一、父母要成为孩子读书的伙伴。

大家都知道言传身教，而身教更为重要。在很大程度上可以这么说：只有热爱读书的父母才能培养出爱读书的孩子。家长要注意自己的言传身教，要求孩子做到的，自己首先要做到，让孩子在潜移默化中学会阅读。很难想象，一个整天只顾着做家务或者看电视、打麻将的家长，能够让孩子真切地感觉到阅读的重要性。所以，作为家长，首先要喜爱阅读，懂得阅读的方法，对各种类型的书籍有个大致的了解，这样才能用自己的行动潜移默化地带动孩子喜欢阅读，并指导孩子进行有效阅读。在镜头二中，朵朵对阅读的喜爱和她父母的潜移默化有很大的关系。朵朵父母在和孩子的共同学习中，互相探讨阅读的感受、学习的收获，这也是一种很好的亲子沟通。家长应设法让自己成为孩子最亲密的学习伙伴，相信孩子在这么一个良好的学习生活空间里，一定会成为一个热爱阅读的人。

二、利用各种方式激发孩子强烈的读书兴趣，培养孩子良好的读书习惯。

“快乐可以点燃孩子的热情”，这是美国教师雷夫·艾斯奎斯的名言。他认为，为乐趣而阅读的孩子比大多数只阅读指定功课的孩子，会拥有更多的热情和更持久的专注力。他发现，他所教过的那些后来成功的孩子，都有一个共同的特点：热爱阅读。所以，他经常和学生一起阅读，并且给他们足够时间培养他们的阅读兴趣和快乐。艾斯奎斯采取了各种方法激发学生的阅读兴趣，比如他指导学生阅读他们喜欢的漫画书，通过戏剧表演让学生爱上文学，等等。这些都对家长有一定的启示。面对今天太多的电子娱乐干扰物，让孩子喜欢上阅读需要有一定的时间，也需要讲究一定的方法。鲁宾斯坦说：“评价一座城市，要看它拥有多少书店。”我们也许可以套用说：“评价一个家庭，要看它拥有多少书籍。”如果家里的藏书不少的话，那么孩子触目皆是书，阅读的机会当然就会更多了。“世界读书日”其实是一个很好的培养孩子阅读意识与阅读兴趣的时机，家长可以想办法营造更好的氛围来让孩子爱上阅读，养成阅读的习惯，让书成为孩子最知心的好朋友。

三、帮助孩子选好书、读好书。

一本好书能启迪人们的心智，净化人们的心灵，陶冶人们的情操，完善人们的品德；然而，一本坏书也能使人们思想堕落、品德败坏、误入歧途。家长有责任向孩子推荐好书、剔除坏书。比如可以给孩子购买或借阅大家公认的适合初一年级学生课外阅读的《爱的教育》、《繁星·春水》、《伊索寓言》、《童年》、《昆虫记》等名著，也可以向孩子推荐像《论语》之类的传统经典，还可以通过网络、杂志等媒介关注当下流行的新书、好书，再及时与孩子交流这些信息。同时家长也要注意孩子自己都在看些什么书、校园里流行什么书，对于一些充斥暴力、色情等低俗内容的书要态度鲜明地予以摒弃，让孩子时刻以好书为友。

【想与做】

想一想

1. 家长题：自己以前最喜欢看的是哪一类的书？

2. 孩子题：自己喜欢课外阅读吗？为什么？

做一做

1. 亲子共做：

（1）比赛一下，看谁能说出更多的有关读书的名言，并谈谈对这些名言的体会。

（2）和孩子共同讨论一本或几本他们特别感兴趣的读物。

2. 孩子题：制订一个读书计划，将一个月或一学期内要看的书列出来。

楼下小白他们今天要去自驾游，说要去远一点的地方，明天才能回来。
PA
干吗呢，动作这么大。

爸爸没有小汽车

【长镜头】

据说，现代人不会操作电脑就等于不识字，不会开车就等于不会走路。虽然这只是一句玩笑话，却也可以看出汽车的重要性与普及性了。现在的家庭拥有汽车是很正常的事，特别是在城市里，有的人家还有不止一辆的汽车。但是，每个家庭毕竟都是不一样的。有的家庭的汽车比较一般，在"宝马"、"奔驰"面前有些"自惭形秽"；而有的因为经济方面的原因，或是观念上的不同，他们没有购买汽车、不会开车……这对于存在攀比心理的初一年级学生来说，就成了一个不大不小的问题。

【家庭万花筒】

镜头一

豆豆在一所私立中学读书，学校实行全封闭式管理，只有到了周六下午才能离校。这所学校在城市的郊区，因此每次周六下午，学校门口的汽车就排起了长队，一眼望去，几乎是看不到末尾，这也是中国教育的一大特色吧。

不过在这条汽车长龙里，是没有豆豆爸爸的位置的，豆豆爸爸不会开车，当然也没有买汽车，每次豆豆都是自己搭公交车回家。

可是今天公交车特别挤，没有座位不说，连站都站不稳，车里的空气质量很差，豆豆都差点晕车了。想起班上的同学大部分都是由家长开车接送，自己却……一回到家，他扔下书包，躺在床上懒得动弹。爸爸过来问他说："怎么了，回家不高兴吗？"豆豆用被子蒙住头，瓮声瓮气地说："高——兴——！"

爸爸好像知道了什么，轻声地问他说："怎么了？哪里不舒服了？"

豆豆猛地从床上坐起来，说："爸爸，我们家为什么不买车啊？每次搭公交车，我都觉得很辛苦。我们班上大多数的同学家里都有车，我们为什么不买呢？"

爸爸的脸一下子僵住了，说："我就知道你今天不大对劲，原来是因为爸爸没有车的缘故呀！"

豆豆嘟着嘴"嗯"了一声。

爸爸有点无可奈何地说："你能读这所学校，一方面是你自己努力的结果，同时也是你自己的选择，我早就和你说过，学校条件是比较好，但是比较远，你要做好自己搭车回家的准备，你忘了吗？再说，你的学费那么贵，我要攒很久才能存够这笔钱呢。"

豆豆好像明白了一些，可是他有点不高兴地说道："我的好朋友绝大多数家里都有车了，我觉得好没面子呀！"

爸爸说："我不是不想买车，有了车以后的确方便很多，而且也显得比较有面子，但我们家的经济状况你也清楚，我和你妈妈赚钱实在不容易啊，如果再多一辆车，每个月就要多出1000元钱的开销，你难道不知道吗？"

爸爸继续说："能够就读你现在这所学校的，都是比较富裕的家庭，而我们家情况不一样。你现在每周挤一次公交，就当是体验一下生活，等爸爸以后有钱了，一定买一辆小汽车，到时爸爸天天去接你回家，有空就带你到处去玩一玩，怎么样，儿子？”

豆豆听到爸爸答应以后有钱就要买车，终于露出了满意的笑容。

镜头二

今天是寒假的第一天，又恰好是周末。明明早上醒来时已经9点了，她还赖在床上不想起来，而妈妈已经从市场买菜回来了，把门关得“砰砰”响。明明爸也还没起床，睡眼惺忪地说：“干吗呢，动作这么大。”妈妈没好气地说：“楼下小白他们今天要去自驾游，说要去远一点的地方，明天才能回来。”爸爸知道小白和明明是同班同学，他笑着说：“哦，是吗？小白不是会晕车吗？”妈妈没理会他，忙着打扫地板。明明爸又说：“不过他现在已经是中学生了，应该可以多锻炼锻炼坐车了。”妈妈冷笑着说：“我们家明明可不会晕车啊，你什么时候买辆车，带我们娘俩去逛逛。”

明明爸有点不高兴了，说：“你烦不烦啊，天天跟我念叨这个。”

说到买车，那可是明明爸的一个痛处。明明妈没有工作，每天在家里做家务，是典型的家庭主妇。她有几次也感到无聊，想去找个临时性的工作，可是明明爸都不同意，说是由他来养家糊口就够了。他对明明妈说：“面包会有的，汽车会有的，什么都会有的。”明明爸在做点小生意，赚的钱不是太多，但也够一家人生活了，不过前两年出了点意外，花了一大笔钱，经济上有点拮据，就不提汽车的事了，可是明明妈妈有时总会拿他当时夸下的海口来刺激他一下。明明妈平时又喜欢串门，经常去了解左邻右舍的动态，谁家买了车她都知道，其实这几年汽车消费是个高潮，买车也算不上新闻，可是她总忍不住回家在明明爸面前说一说。今天女儿放假了，她的同学又是自己的邻居全家去自驾游，自己却……她觉得很没面子。

这时，明明也从床上跳起来，说：“对啊，爸爸，你到底什么时候要买车啊？”爸爸生气地说：“买你个头啊，吃饱了撑的。”他又对明明妈说：“你厉害，你去买啊。”妈妈说：“好，我明天就去找个工作，家里的一日三餐要轮流煮。”

明明看到爸爸妈妈吵架了，赶紧劝说：“好了，你们别吵了，我要做寒假作业了。”两人这才安静下来。

镜头三

进入初一后，点点平时的学习很紧张，到了周末才比较有闲暇的时间，有时，他也会邀请一些好朋友来家里玩。今天刚好是星期六，又是点点13周岁的生日，所以，他邀请了几个要好的同学来参加他的生日party。妈妈早早就准备好了蛋糕、水果等一些孩子们喜欢吃的东西，爸爸也准备了一些小菜和啤酒。点点今天特别高兴，穿上了新衣服，这是爸爸妈妈给他买的生日礼物。

晚上7点以后，点点的同学都到了，一起来的还有他们的爸爸妈妈，家里变得很热闹。生日晚会开始了，大家都祝贺点点生日快乐，点点高兴得合不拢嘴。在点点许愿时，一个叔叔半开玩笑地说：“点点，赶快许愿叫你爸爸买一辆小汽车，这样你以后上学就不用自己骑自行车了，有空想去哪里玩也都很方便呀！”

点点很有礼貌地对他说：“谢谢叔叔的提醒，我是该叫我爸爸买车，他上班那么远，每天骑车去上班都得提前40分钟出发，很辛苦。”点点想了想又笑着说，“不过，我爸爸是‘环保达人’，他肯定不同意买的。”

大家都为点点的懂事啧啧称赞，爸爸妈妈也会心地笑了。

其实，点点家确实不算很富裕，但也并非买不起小汽车，而是有他们自己的想法。有时周末他们全家人去散步，看见路旁停满小车，点点刚开始时会露出羡慕的眼神。男孩子都喜欢车，从幼儿园开始，老师就教他们认识各种车的类型和标志，点点懂得很多汽车的品牌，一看车的样子就能认出这是什么车。他真希望自己家里也有一辆汽车，因为很多同学的家里都有小汽车了，但是爸爸的一席话让他觉得不买车是对的。爸爸说："中国人口这么多，如果每个家庭一辆车，会是什么样的一种情景？到时，不要说路上天天会堵车，空气污染首先就是个大问题，车多了，污染就严重，直接影响到我们的生存环境。"

妈妈补充说："对呀，其实汽车的停放以后也是个问题，你看我们小区里的停车位都已经满了，没地方停只好占用人行道了，我们平时生活的空间也变得越来越小了。"

爸爸接着说："还有，石油资源是不可再生的，汽车多了，石油就会更快地被'吃'光的，我们不必去凑这个热闹。我并不是反对别人买车，只要确实需要，当然可以买，不过我觉得我们并不是很需要，骑自行车是最环保的运动方式。"

点点高兴地说："对呀，我们不买车，也可以减少一份污染，这也是为社会做出一点贡献。"

点点爸摸了摸儿子的头，对妈妈说："我们的儿子已经长大了，真懂事！"听爸爸这么一夸奖，点点都觉得有点不好意思，之前他还曾经抱怨爸爸为什么不买小汽车呢！

【心理对对碰】

汽车是人类交通史上的一项重要发明，为人类的生活提供了非常多的便利。随着经济的发展，人们消费水平的提高，普通家庭买辆小汽车已不是什么稀罕的事，而汽车也成为人们财富、地位和身份的一种象征。但另一方面，汽车毕竟是一种比较高端的消费品，可以说，从购车的那一天起，每天都要在汽车身上投入人民币用于保险、汽油、维护、意外等方面，所以也不是每个家庭都消费得起的。初一年级的孩子作为身心尚不成熟的社会群体，面对触目皆是、越来越多的汽车，他们的意识不可能不受影响，他们不可能不进行攀比。而有些家长对汽车消费也持有自己独特的看法。如果家里没有汽车而熟悉的人都有，孩子会怎么看呢？这是一个很现实的问题。

豆豆在私立学校就读，家庭经济一般，他能够自己坚持搭公交上学、回家，具有较强的独立性，这值得肯定。但初一年级的学生也很容易受到外界的影响，当他看到很多同学都是由家长接送时，未尝不会有不平衡的心态，而此次坐公交车的不愉快经历，就使得这种心态受到刺激，转化为回家后的异常举动。豆豆爸爸明白儿子的心思，可是私立学校的收费不低，家里经济条件不允许买车，因此他也只能是对儿子进行劝解，并承诺以后有钱了要买车，才平息了这场风波。表面上看矛盾解决了，但实际上还是有问题的，因为豆豆的攀比心理并没有得到有效的疏导，以后爸爸要是仍然没买车呢？

明明家的例子又更复杂一些，因为这里面加入了明明妈的因素。家家有本难念的经，明明爸爸曾经答应要买车的，可是因为经济力量不足而导致计划搁浅。由于邻居有车，而且全家去旅游，在明明妈的眼里，生活质量明显比自家高，于是她心里很不是滋味，这在她的动作与语言上都体现出来。大人的攀比心理其实比孩子更强烈，她随即表态想去找工作，这其实是对明明爸的一种威胁，因为这意味着日常生活规律的解构。而妈妈对汽车的羡慕也影响到明明，她开始时也掺和进来，要爸爸买车，当她看到爸爸妈妈因这事争吵时，意识到一种不安全感，于是就充当了调停人。不过，只要明明妈的心理需求没有得到满足，这样的家庭“小吵”就是不可避免的。这在一定程度上助长了明明的攀比心理，对她健康的消费价值观的培养会产生一些不利的影响。

家长是孩子的第一任老师。点点爸妈从环境、资源、健康等方面对汽车的利弊进行了分析，还有爸爸的言传身教——上班路途较远仍然把自行车作为他的交通工具，这些都对点点产生了深刻影响。的确，家里有部汽车，对家人的出行会提供很多的方便，但是随着汽车数量的增多，由此出现的问题越来越多，人们是否应该静下心来反思一下自己的消费行为究竟是盲目攀比还是生活确实需要？点点爸妈对孩子的教育不失为一种明智的选择，对刚上初一的点点来说，他正处于从儿童进入青春期的阶段，这时比较容易受到外界各种因素的影响，所以，点点爸妈的思想、行为很有利于点点的健康成长。

【专家面对面】

如今社会上的攀比现象层出不穷，家长之间同样存在着各种攀比，而汽车是最能看得见的财富了，你开“宝马”，我就换乘“奔驰”，名车、豪车刺激着孩子的眼球，影响着孩子的心理……每到上学、放学的高峰期，中小学校门口的路都被接送孩子的车堵得水泄不通。“大众”、“尼桑”、“福特”、“奔驰”，从国产车到进口车，从几万、几十万到几百万元的车应有尽有。家长担心自己的孩子自己回家不安全，有个闪失可不得了，认为接送孩子是必须的，但是学校门口车水马龙，不正是给孩子们增加了安全隐患吗？家里有车不用是资源浪费，可是家里没有汽车的只能踩着自行车来接送孩子，是不是就低人一等？其实正是存在于成年人世界中的攀比心理无声地传递给了孩子。孩子耳闻目睹了周围的攀比现象，无形当中也会滋生攀比心理。而攀比是无止境的，其实连家长也没有办法一直能使自己的攀比心理得到满足，更何况孩子。攀比心理任其发展的话，有可能造成孩子做出妨碍他人发展的行为，不利于孩子亲社会能力的发展。但我们认为，孩子有了攀比心理不可怕，关键是家长应该予以正确引导。

一、正确看待汽车的功能作用，从家庭经济实际出发，具备理性的汽车消费观。

当今社会，汽车对人们生活的影响越来越大，可是，它作为一种交通工具的本质属性却日益被异化。我国目前处于经济的快速增长期，汽车与房地产成为拉动经济的两驾马车。有关部门为了GDP，汽车厂家和销售商为了高额的经济收入，都在加大购买汽车的宣传力度。在电视广告、街头海报等媒体的宣传策略中，汽车成了人们身份地位的一个象征，拥有汽车成了一种时尚，这都会对每个人包括孩子产生影响。而由于汽车生产与销售量的增多，由此带来的交通、环境问题却未能得到妥善解决。汽车本身没有错，有错的是人们对汽车的态度。因此，怎样合理地看待汽车消费，值得家长认真思考，并与孩子共同探讨与汽车有关的一些问题，进而达成共识。

首先，要认识到汽车只是一种代步工具，不需要的话可以不必购买。比如上班距离在5公里以内，可以考虑采用其他交通工具。不要被周围的各种各样的汽车广告所迷惑，比如说国庆特价、以旧换新以及联手银行进行的分期付款购车等，家长应该理性地看这些促销手段。

其次，家长要冷静看待拥有汽车之后可能出现的各种烦恼。以目前一个沿海的三线城市为例，当地报纸称，其市区有6.5万辆汽车，而停车位却仅有2.4万个，没有正常的停车位置的车子只能停放在路边，甚至占用人行道，由此带来了一系列的矛盾。

再次，家长要引导孩子认识到汽车对环境的影响。比如说，汽车尾气中含有大量的铅，铅主要沉降在距离地面上方1米及以下的环境，而1米以下主要是5岁以下儿童活动的高度，因此在汽车尾气排放过多的地方玩要，儿童易出现血铅超标。铅中毒的危害主要是对神经系统、血液系统、心血管系统、骨骼系统等多系统的损害，儿童铅中毒会出现食欲不振、胃痛、失眠、学习障碍、智力低下、贫血等症状。可见，随着汽车数量的进一步增多，汽车对下一代的危害会越来越严重。我们要以为下一代的生存环境负责的态度来对待我们现在的生活。

二、以家里没有小汽车这件事情作为契机，消除孩子的攀比心理。

孩子可塑性强，比较容易接受外界的影响。其实比起大人，孩子并不是那么注重物质，对他们来说，一个温暖的家比汽车更重要。因此家长自己首先不能有攀比心理。有的家长在孩子面前谈论某某人最近又买新车了，某某人身上的某某名牌衣服要值多少钱等，家长本身的这些言行无形当中影响了孩子。要想消除孩子的攀比心理，可以从以下几个方面入手：

首先，家长要以身作则，给孩子一个良好的示范作用。许多人把消费水平、金钱当做看待人与事物的价值尺度。校园内的攀比风只是社会上攀比主流的一个分支，或者是大人们炫耀自身财富的一个缩影。家长要注意自己的一言一行及实际消费行为，要提高自身的审美情趣、端正消费行为，以身立教。当然，我们生存的社会也应该为孩子们的成长提供有利的条件。在美国，校车统一接送，孩子家里有几十辆“路虎”也派不上用场；在日本，孩子们大部分是利用公共交通工具上学放学，结伴走路回家的更是非常普遍。这样，以有没有汽车进行攀比的现象就会少了很多。如果社会上能少一些“郭美美事件”，少一些“宁可坐在宝马车里哭，也不愿意坐在自行车后面笑”的言论的话，或许对孩子的教育会更容易一些。

其次，灌输给孩子正确的价值观，把孩子的注意力从物质攀比引向注重自身素质能力的提高上。物质仅仅是满足生活的需要，物质的优越在精神优越面前是相形见绌的，每个人应该以自我完善、自我进步为追求。

再次，利用孩子的攀比心理，激励他向好的方面发展，例如学习、品行、技能等。孩子有攀比之心是很正常的，事实上，当初一年级的孩子提出每一个“我也要……”的要求时，都是经过对现状的思考之后才说出的，这时家长就要注意正确引导，而不是简单地斥责或无条件地应允。如果能利用好孩子的攀比心理，使之转换成为一种动力，那么这种攀比心理就成为一种教育资源。家长要审时度势，引导孩子在学习、才能、意志力、良好行为等方面进行“攀比”，正确引导孩子发奋努力，勇于赶超，这将有助于孩子的心理发展，培养孩子的独立性、自主性等良好心理品质。

【想与做】

想一想

1. 家长题：家里有没有必要买小汽车？

2. 孩子题：如果周围很多同学的家里都有小汽车，而你爸爸没有汽车，你会有什么样的感受？

做一做

1. 亲子共做：如果家里还没有买汽车，父母可以和孩子一起将买与不买的理由写下，然后对比分析，确定自己的家庭需不需要购买汽车。

2. 孩子题：收集有关汽车对于环境的影响的资料，制作一份宣传材料。

一个小时又十分钟了，朵朵，我们该回去了。

周末我们去郊游

【长镜头】

周一到周五，孩子们都在学校——家里两点一线上奔波，每天看到的风景就是那么几条街的街景。终于到了周末，还没完呢，有的还要补课，或者参加一些特长班，比如乒乓球、国画、声乐等。渐渐地，与大自然的接触与交流似乎越来越少了，生活也似乎越来越单调了，而进入初一年级后，随着学习任务的繁重，学习占用绝大多数的时间，周末大量的作业让孩子也无法轻松。所以，“玩”成了孩子的一种奢望。其实，在周末的时候，一家人去附近的公园、郊区走走看看，不用什么花费，也不需要太多的时间，却能亲近大自然，调节心情，以更好的精神状态去学习、去工作。

【家庭万花筒】

镜头一

许多城市一般都是沿江而建的，江河是城市的生命源泉，也是一座城市的魅力所在。目前，有不少城市都将江滨的开发作为城市建设的一个重要组成部分，江滨公园的修建就是其中一个最重要的举措。在不少地方，沿着江岸建造亭台楼阁，种植奇花异草，使得江边成为市民休闲娱乐的好去处。朵朵家离新建的江滨公园只有3公里，可是她却从没去过，平时是没什么空闲时间的，而周末她除了要做作业，还要学围棋和书法。朵朵一直很想去江滨公园看看，因为她的不少同学都去过，听说那里空气清新，风景怡人，里面有儿童乐园，还有一座步行桥，据说从这座桥再走几分钟就可以到达南山寺和动物园了，实在是个休闲散步的好地方，朵朵很羡慕那些去江滨公园玩过的同学。今年，朵朵刚上初一，爸爸妈妈对她的学习管得很严，稍微有点退步，他们就很紧张，所以经常千方百计地搜集一些课外辅导练习给她做，怕她输在初一年级的起跑线上。

今天是星期六，朵朵把周末的作业全部做好了，她对妈妈撒娇道："妈，我们能不能去江滨公园玩一玩？"

妈妈有点迟疑地问道："你作业都做好了？"

"嗯，都做好了。"朵朵点了点头，露出了期盼的眼神。

"英语读了没有？下周一要进行单元考试的，你第二单元才考了80多分，比第一名的同学整整落后了10分，这次一定要赶上去。"妈妈说。其实，朵朵学习已经很认真、很自觉了，英语成绩也还不错，那次的成绩只是一个"意外"，但妈妈已经为此向朵朵提醒了多次。每当这时，朵朵总觉得很不是滋味。

"妈，我还没读，准备晚上再来复习。"朵朵小心翼翼地说道。

"那不行，学习是最重要的，初一年级很关键，你不能输给别人。"妈妈坚定地说。

"可是，我们家离江滨公园这么近，我都没去过。说起来，同学们都笑话我呢！"朵朵还是想征得妈妈的"恩准"，她很想放松一下自己。

"是吗？你真的那么想去玩？"妈妈还是有点担心这会浪费孩子学习的时间，可是望着朵朵那期待的眼神，终于还是答应了朵朵的请求。

"朵朵，去玩是可以，但妈妈有个规定：时间不能超过一个小时。好吧，我陪你去公园走走，时间到了我们就回来读书。”

虽然妈妈答应得有些勉强，但是朵朵还是高兴地跳起来，跑过去给妈妈一个拥抱，喊道：“好的，妈妈万岁！”

“你这孩子，就这么想玩。”妈妈摇了摇头，带点嗔怪地说。

于是母女俩来到了江滨公园。这里的风景确实不错，有茂林修竹、假山凉亭，还有一个宽敞的露天儿童乐园，小朋友在里面欢快地玩耍，朵朵看着他们，仿佛又回到了小时候爸爸妈妈带她去游乐场玩的情景。而眼前就是宽阔的江面，有几只小船慢悠悠地行驶着，周围的景物在夕阳的余晖中显得格外祥和。朵朵漫步在公园的鹅卵石小道上，享受着这难得时光，这时，妈妈突然大声叫了起来：“一个小时又十分钟了，朵朵，我们该回去了。”

朵朵瞪着妈妈，仿佛在看着一个大煞风景的人，最后还是依依不舍地离开公园，盘算着下一次什么时候才能故地重游。

镜头二

今天又是周末了，点点一大早就跟爸爸商量：今天要去哪里郊游？附近还有哪些地方没玩过？妈妈又开始怪罪爸爸：“点点都是被你宠坏的，每到周末，他的心思早就不知飞到哪座山头去了，作业总是马马虎虎的。”

爸爸得意地对妈妈说：“没办法，儿子是遗传我的基因比较多，我从小就喜欢到外面玩，他现在也这么喜欢郊游，这不是‘子承父业’吗？”

“你看，你又故意说出这样的话来惹我生气，你不想想，儿子现在都读初一了，学习那么紧张，哪有时间一到周末就去玩。看看邻居的朵朵，她爸爸妈妈对她要求很严格，哪门课程考不好，就急得不得了，她周末经常在家复习功课，她的学习成绩可比我们点点好多了。哪像你，每到周末都带点点出去玩。点点以后周末都得给我待在家里复习功课。”妈妈没好气地说。其实，这也难怪妈妈会生气，玩和吃是他们父子俩的共同爱好，他们两个人经常凑在一起，看着当地的晚报，商量着周末到哪个地方去玩、到最近新开张的哪家小吃店去吃。他们可谓“臭味相投”。

点点在旁边听到妈妈对爸爸的数落，想为爸爸申辩几句：“妈妈，别说了，我们都喜欢玩，这真的没办法改变。爸爸也不容易，从星期一到星期五都要上班，很累的，周末让他到外面好好休息一下。而我学习太紧张了，神经都快绷断了，顺便我也放松一下，陪陪我老爸，也算尽一份孝心，嘻嘻。”点点说完，还扮了个鬼脸。

这下子，妈妈更生气了，对他们俩说：“我拿你们两个是没办法了。今天我有一位亲戚要来我们这里办点事，我得出去一趟，家里的卫生还没打扫，你们两个包了。我回来要检查，如果不合格，从此以后别想再出去玩了。”

“啊？是真的吗？”点点和爸爸同时都叫起来。

“那当然啦！”妈妈肯定地说，“还有点点，反正老师说了，点点如果期中考没有考前30名，就要调他到最后一排去坐。老师说的话，你也都听到了，已经给你敲警钟了。你要注意自己的学习，别老是惦记着周末去玩，没有把心思放在正经事上。玩能玩出什么名堂？”点点妈说着，拎着包头也不回地走了。

父子俩都唉声叹气的，面面相觑。今天的郊游就这样“泡汤”了。

镜头三

“豆豆，快一点，我们要出发了。”爸爸催促道。

“爸爸，你们等一下，我收拾一下作业再走。”豆豆说。

今天刚好是周末，豆豆他们全家准备骑自行车到附近的鹤鸣山玩。鹤鸣山是这个城市附近唯一的一处4A级风景区，今年对市民实行免费开放，也是豆豆他们家周末经常去的地方，那里的风景优美，古迹丰富，很耐看，还可以爬山锻炼身体。爸爸妈妈都已经把东西准备好，就等着豆豆了。

“没事，你慢一点，我们等你。”妈妈说。

豆豆已经上初一年级了，学习比小学紧张多了，爸爸妈妈上班很忙，他平时一回家就很自觉地做作业，很少让爸爸妈妈操心，他的学习成绩一直在班级里名列前茅。爸爸妈妈对豆豆采取较为合理的教育，适当指导他的学习而不过分包办，而周末只要有空，天气条件又允许的话，他们全家人则会选择到周边附近的地方游玩，或者爬山、或者钓鱼，让豆豆在紧张的学习中放松身心、调节心情，还可以学到很多书本里没有的东西。进入初一年级，大家都把主要精力放在学习上，哪有时间经常出来玩，即使自己有时间，爸爸妈妈也总是以“工作忙” 或是“多学点有用的知识”等为由，拒绝了孩子的要求，所以同学们都很羡慕豆豆有开明的爸爸和妈妈。

豆豆收拾好东西下楼，一家三口骑着车向目的地——鹤鸣山前进。一路上他们有说有笑，大概过了40分钟就顺利到达景区门口，虽然已经来了很多次，但豆豆还是感到兴趣盎然，因为鹤鸣山无论是人文景观还是自然景观，都有很丰富的内涵。山上岩石林立，形态各异，有的凌空兀立，有的形如卧佛，不一而足，形成天梯径、一线天、千人洞、风动石等景点。更有特色的是，山崖石壁还遍布着从唐代至今的以篆、隶、楷、行、草各体书法书写的诗、文、联、记各种文体的题刻数以百计，被称为“南国碑林”。豆豆一家都是书法爱好者，常常对石壁上的书法流连忘返，爱不释手，经常停下来对先贤朱熹、弘一法师等名人的书法“研究”一番，有时不小心还挡了别人的道呢！每次登山，他们都边欣赏着这里的奇峰怪石、危岩峭壁，边欣赏着琳琅满目的书法作品，总是觉得时间不够用，总想再驻足一会儿。他们爬到了最高山顶，风呼呼地从耳边吹过，有点摇摇欲坠的感觉。俯瞰山下，游人如蚁、房屋如豆，白云苍狗，恍如隔世，别有一番感受，生活中的一些烦恼好像也变得烟消云散了。

每次周末郊游回来，豆豆都会以积极的心态投入到紧张的学习中。

【心理对对碰】

人是大自然之子，大自然中的花草树木、虫鸟禽兽、山川河流、风霜雪雨，向孩子的好奇心、探索精神发出声声呼唤。亲近大自然，本来就是人的本性，如今在城市里成长的孩子离蓝天、阳光、花草、动物等大自然因素越来越远，这是现代中国城市中一个十分普遍的生存状况。在家长过分呵护和溺爱下，在电视、音响、电子游戏、电脑所制造出来的狭小空间中，孩子逐渐丧失了亲近大自然的本性。进入初一年级，随着学习任务的加重，家长对周末能否带孩子到郊外去游玩，各家有各家的看法。

朵朵妈对朵朵的教育类似于“虎妈”，对朵朵的学习要求非常严格的。她认为，初一年级是一个新的起点，孩子千万不能输在起跑线上。她对朵朵学习成绩的好坏十分重视，有时甚至近乎苛刻，不容许朵朵出现一些“意外”，因此当朵朵在周末已经把作业全部完成之后，提出去离家只有3公里的江滨公园玩时，妈妈刚开始还是不答应。后来在朵朵再三请求之下，才勉强答应她的要求，但还是提出了时间上的限制，使朵朵的公园之旅并不是很尽兴。朵朵妈认为孩子的主要任务是学习，而初一年级又是非常关键的阶段，这种看法显然有一定的道理，也代表绝大多数家长的意见，但是在孩子的成长过程中，学习并不是生活的全部，更何况学习不仅仅只是通过书本才能够获得，生活中处处皆学问，所以，朵朵妈不妨在孩子自觉完成学习任务以后，合理利用课余时间，比如在周末时带朵朵出去走一走、看一看，可能对她的学习也是有帮助的。

点点父母在对点点的教育上有所分歧。点点爸爸似乎并不看重点点的学习成绩，而是经常和点点探讨“吃喝玩乐”的问题，这样，点点的心思就不太集中在学习上，学习成绩也不太好，这也是让点点妈妈生气的地方。不过点点妈妈说“玩能玩出什么名堂”，认为初一年级开始，周末就不能再去郊游，这也不正确。学习并不是孩子生活的唯一，爱吃、爱玩说不定也能成为“美食家”、“旅游家”，只不过无论什么“家”也都需要经过认真的学习。如果点点的爸爸妈妈在教育点点的问题达成一致的话，做到学习和玩两不误，对点点的健康成长会更有利。

豆豆一家对于郊游有比较统一的看法。他们在合理安排好学习、工作的前提下，利用周末骑自行车、爬山，既绿色环保，又锻炼身体。他们选择的目的地具有较为丰富的人文内涵，不是单纯地为玩而玩，而是可以在学中玩、在玩中学，使郊游变得格外有意思。豆豆一家人有着共同的兴趣，父母对孩子的学习进行适当指导而不过分包办，而豆豆对待自己的学习也是非常自觉和主动的，从而使他们的郊游没有什么“后顾之忧”，能够很尽兴、愉快，又可以提高各自的学习和工作的效率，不失为一个很好的做法。

【专家面对面】

苏霍姆林斯基说：“要竭力做到在孩子们打开书本读音节之前，先读几页最美丽的书——大自然。”大自然包罗万象，包含天文地理等各个学科，是一个生动有趣、可以直接接触与感知的客观世界，是一本绚丽多彩、天天展示在孩子身边的大百科全书。大自然充满魅力，是孩子们快乐的源泉。玩耍是孩子的天性，在大自然中玩耍更是一种认识世界、陶冶性情、锻炼身体、增长知识的有益活动。毫无疑问，家长应该带领孩子走进大自然。进入初中以后，学习比以前更紧张了，有些家长认为，玩耍会浪费孩子学习宝贵的时间，殊不知，缺乏玩耍也不利于孩子的学习。我们经常说，劳逸结合可以提高效率，这说得并不是没有道理的。整天处于紧张的学习状况对孩子并不是什么好事，家长应该趁着周末空闲的时间，带着孩子去亲近大自然，让孩子的身心得到放松，享受大自然的多彩绚丽，这样也可以更好地促进亲子沟通。

一、正确认识学习与郊游并不矛盾。

不少家长都认为初一年级是很关键的时期，孩子应该多花点时间来读书，否则会输在起跑线上，除了平时的正常学习之外，周末时间也必须成为孩子加强学习、补缺补漏或是加入特长班学习的宝贵时间。其实这样紧张的学习生活使得孩子的学习效率不高，对学习的热情有所减弱。据调查，如果没有考试，有不少中学生不会主动去学习，主要的原因在于整天处于这么一个紧张的学习状况，让他们觉得学习是一种负担，学习变成是家长要求自己做的，而不是自己主动想去学习，从而体会不到学习的快乐，学习变得缺乏主动性。

其实，周末家长合理安排时间，带孩子一起到郊区游玩，让孩子在一周紧张的学习之后得到暂时的放松，一边与孩子感受大自然的魅力，一边还可以与孩子交流学习、生活的一些想法。在这种比较和谐的情境中，身心就可以得到放松，让孩子以更好的心情投入到下一周的学习中。研究表明，走进大自然可以增长孩子的见识，培养孩子的观察能力。大自然这所“蓝天下的学校”是孩子学习、增长知识得天独厚的课堂。在大自然中，我们能看到郁郁葱葱的田野，能看到碧波荡漾的河水，能看见各种各样的植物，能听到充满生命力的小动物的声音。孩子在与大自然的交互作用中，不仅获得了大量直接的感性知识，而且能养成积极主动的探求新知识的习惯。而季节的周而复始为孩子欣赏自然美景提供了丰富的素材。随着季节的变化，孩子可以感受大自然不同的情景，既丰富了孩子的生活，又培养了孩子的观察、认识能力。因此，家长可以有计划地安排好周末郊游的相关事宜，让孩子松紧结合，从而提高学习效率。

二、创造条件，激发孩子对大自然的兴趣。

虽然孩子天生爱玩，但也有一些孩子性格内向、行事胆小，另有一些孩子则沉湎于电视、网络游戏或是 QQ 聊天，不愿过多地进行户外活动，这时，家长就更要有意识地加以引导了。家长可以从美丽的童话中激发孩子对大自然的兴趣，也可以从讲述自然常识入手，掌握若干知识后，再带着孩子走进大自然，还可以用提问的方式潜移默化地引导孩子，主动地带孩子走进大自然，亲近大自然，喜爱大自然。

三、让孩子做好郊游前的准备工作，并在郊游中“自力更生”，培养孩子的动手能力与独立意识。

初一年级的孩子已经具有一定的独立意识，家长可以在郊游前让孩子自己做好准备工作，比如：应该准备好什么物品；郊游的路线怎样安排最为合理；郊游的用餐怎样解决，等等。也可以让孩子当导游，在出门之前做好充分的准备，到目的地时向父母介绍有关的知识。还有，在旅途中让孩子学会处理一些应急事件，从而进一步增强孩子的独立意识和动手能力。对孩子的表现，家长应及时加以鼓励与支持。

【想与做】

想一想

1. 家长题：以前有没有郊游过？有哪些收获？

2. 孩子题：你最想去附近的哪些地方玩？如果功课没做完去玩你会不会觉得安心？

做一做

1. 亲子共做：全家人一起策划一个周末郊游计划并付诸行动。

2. 孩子题：在郊游之前安排好自己的学习任务。

书香家庭

一次最有创意的知识冒险

——《天使雕像》简介

这本书的诞生与一次普通的家庭聚会有关。根据作者 E.L.柯尼斯伯格的自述，在一次家庭烧烤活动中，她发现她的孩子不是嫌烤肉麻烦、蚂蚁太多，就是抱怨座位不干净……她开始思索：在现代化的电器用品包围下长大的这一代孩子，他们已经无法真正接近大自然，即使你给他们打点行装，让他们离家出走，他们也没有了求生的本能，逃不开物质文明的掌心。这就是本书的灵感来源。所以你在小说的开头会看到这样的描写："克劳迪娅不喜欢不舒服的生活，甚至不能忍受野餐时的脏乱和不方便。野外到处有虫子，太阳也会使蛋糕上的奶油融化。"而这不也是当下中国的孩子们经常会出现的"症状"吗？正是基于对下一代的忧虑与关爱，柯尼斯伯格写出了这本《天使雕像》。

这本书讲述了一次富有创意的冒险之旅。它吸引人的地方首先在于它具有一个永不陈旧的叙述母题——冒险，而这正契合了十来岁的孩子渴望创新、探索未来的心理。小说中，小主人公的冒险就是离家出走到纽约——一个需要火车票价 1.6 元的地方。"离家出走"是一个充满刺激的想象，也许不少孩子在某个特定的阶段、在某次不经意间，会冒出这个念头。产生这种念头的原因很多，但主要还是处于青春期的孩子们"想做些出人意料的事情"的一种心理表达。当然，您不用担心，绝大多数孩子只是想想而已。但这本小说就不一样了。小说的主人公——女孩克劳迪娅厌倦了家里千篇一律的生活，她每天都要洗碗、清理垃圾、与弟弟们争看电视节目。她想做些出人意料的事情，于是就精心策划了一场“离家出走”事件。她选择的目的地是纽约的大都会博物馆，物色的同伴是她既“富有”又小气的弟弟杰米，而打动杰米的正是那句“让我们一起去从事这辈子最伟大的冒险”。在戒备森严的大都会博物馆里，他们俩想方设法躲过警卫每天的例行巡查、节衣缩食地花好身上的每一分钱，竟然就这样神奇地度过了一个星期！在这期间，一座被疑为是伟大的雕塑家米开朗琪罗雕刻的小天使雕像正在博物馆里展出。克劳迪娅立刻被这座“她见过的最美丽、最优雅”的雕像吸引住了，她决意要弄清这座雕像到底出自谁人之手。虽然他们付出了很多的心血，却没有找到新的线索，而且钱也快用光了……克劳迪娅不甘心这样“平庸”地回家去，她和弟弟利用最后的一点钱，终于找到了雕像原来的主人福兰克威尔夫人，弄清了事情的真相。怎么样，故事的情节很吸引人吧？

这本书还讲述了一个对知识的探求过程。首先，姐弟俩选择的藏身之处是博物馆——一个知识密集的地方。我们跟着克劳迪娅与杰米的脚步，参观了英法古典家具展厅、意大利文艺复兴厅、埃及木乃伊展馆、古希腊花瓶展厅……丰富多彩的人类历史文化就这样呈现在我们眼前。正像书中说的，“有史以来，这个世界还没有哪个孩子能像他们一样有这么好的机会……所以，他们一定要展开学习行动，把博物馆里的每样东西加以研究。”而在明确了寻找天使雕像的作者这一终极目标之后，姐弟俩又去了另一个知识密集处——图书馆，查阅有关天使雕像的资料。我们在阅读小说的过程中。可以清晰地了解美国博物馆与图书馆的工作与使用流程。也正是在寻找谜底的过程中，克劳迪娅与杰米学到了很多知识，而他们所苦苦追求的答案也终于在福兰克威尔夫人家中真相大白。正如福兰克威尔夫人说的：“克劳迪娅要的不是野外冒险，她喜欢洗澡，喜欢舒服，所以不可能流浪。但是，秘密是一种她喜欢的冒险。秘密是安全的，又可以让你跟别人不一样。它的价值全是在心里面的。”这种寻找秘密真相的渴求其实也是孩子一种特有的求知欲望的体现。正是这种未知欲，使他们的冒险之旅变得充实而富有知识含量。

这本书又是一个关于成长的故事。小说通过天使雕像的原主人福兰克威尔夫人的视角来叙述整个冒险过程，福兰克威尔夫人就像一个充满爱心与智慧的监护人，关注着孩子们的成长。在她眼中，12 岁的克劳迪娅“已经开始踮着脚尖走入成人世界了”。从姐弟俩对离家出走的缜密计划开始，到克服离家之后的种种困难独立生存，再到最后他们发现了即使是成年人（包括博物馆工作人员、记者以及普通市民）也无法发现的秘密，整个经过，就是一个成长、励志的故事。但是当克劳迪娅说出“每个人都应该每天学一样新的东西”这样充满青春活力的话语时，福兰克威尔夫人回答说：“我们也应该要停下来，让已经学到的东西有机会消化，有机会融会贯通，然后你才会觉得它真正进入了你的内心。”这是成年人（家长）给正满怀信心奔向未来的孩子们的一个很有价值的启示。我国哲人孔子也说过：“温故而知新。”只有两者结合，才能在成长的道路上走得更踏实。

顺便提一下，本书荣获 1968 年纽伯瑞儿童文学奖（美国儿童文学的最高奖项）金奖。美国《书评》杂志评价道：“《天使雕像》是最优秀的原创故事之一。活灵活现的人物和质朴幽默的语言使这个故事新鲜而有趣。”当我们读到姐弟俩挨饿时的“惨状”：“他们两个人的胃就像一管被挤光了的牙膏，空空如也，而且还是特大号的家庭装牙膏。”读到克劳迪娅见到福兰克威尔夫人时的孩子气表现：“她既想保持良好的风度，又想让人明白她在生气，就装出一副酷酷的表情。”诸如此类的描写，总让我们不禁发出会心的微笑。《学校图书馆学报》则评价：“这本书包含了最能够吸引读者的因素——幽默、悬疑和谋略。”小说的悬念一直保持到最后才揭晓，令人不由得想一口气看下去。

瞧这一家子

——《西游记》的另一种读法

《西游记》是我国古典小说四大名著之一，故事情节可以说是家喻户晓，唐僧、孙悟空、猪八戒、沙和尚师徒四人的形象深入人心，尤其为少年儿童所喜爱，小学阶段的孩子们基本上都阅读过《西游记》（但大多看的是缩写本），而根据小说改编的种种影视作品更是耳熟能详。在这里，我们建议初一年级的孩子们来阅读《西游记》全文，这样可以更全面、直观地了解这部名著，同时，我们想通过另一个角度来重新解读《西游记》，希望能对家长朋友们有所启发。

对每一个孩子来说，自己的家长（主要是父母）是与生俱来的、无法选择的。如果把师徒四人看作一个家庭的话，那么唐僧无疑是家长，而且他也具备家长的权威——小说里的唐僧是如来佛祖的弟子金蝉长老投胎转世，有如来佛祖与观音菩萨随时庇佑，因此对于三个徒弟而言，唐僧的这种家长身份与特权是天生的、宿命的，从他们称唐僧为“师父”的那一刻起就无法更改。即使是最厉害的孙悟空，也要靠唐僧才能从五行山下得到解脱，而猪八戒、沙和尚同样要靠他获得新生，因此，当好这个家，带领三个徒弟到西天取得真经是他的最重要的任务。而我们作为家长，也可以从唐僧的身上得到一些启示。比如唐僧的慢性子、爱唠叨与孙悟空的急性子、直爽就明显对不上点；他的刚愎自用与偏听偏信又确实给这个“家庭”带来损害。怎样用好手中的“天赋权力”，尊重孩子的个性发展，这也是唐僧带给我们的思考。

而孙悟空则像一个调皮捣蛋、精力充沛的孩子，他经常不听家长的话，总是惹是生非。如果说大闹天宫时他还是一只没人管束的野猴子，那么被唐僧收为徒弟后，他也没改变多少。他善恶分明，疾恶如仇，一双火眼金睛，能识破任何妖魔鬼怪的伪装；一根金箍棒，见妖就打，毫不留情，这就与慈悲为怀又肉眼凡胎的唐僧产生了剧烈矛盾。唐僧总是想把孙悟空拉回到自己的轨道上来，而孙悟空总是要按自己的方式行事——这是不是有些“代沟”的意思？不能不承认，下一代的见识并不比上一代差，而上一代却往往有束缚下一代的手段，在《西游记》中就体现为孙悟空头上的金箍儿与唐僧口中的“紧箍咒”，要知道，那可是家长权力的象征，但一定要慎用，因为那是既伤身体又伤感情的玩意儿。师徒两人的矛盾在“三打白骨精”时彻底激化，最终唐僧写下一纸贬书，解除了双方的师徒关系。我们知道，赶走孙悟空时，唐僧已经答应过他不再念咒，而唐僧若真的被妖怪吃了，也就更不可能再念“紧箍咒”了，这对孙悟空不是一种解脱吗？但孙悟空最终还是放心不下唐僧，可见，引导孙悟空回归这个家庭、重走取经之路的原因，显然不是什么外在的“紧箍咒”的压迫，而是他内心情感的召唤。这种情感除了师徒之情外，也有亲情的成分，这是中国传统的“一日为师，终身为父”观念的一个体现。

在猪八戒的身上则体现了更多的人性弱点。他看似憨厚老实，实则油嘴滑舌，一个大肚子里装着不少馊主意。他贪财好色，经常被妖精的美貌外表所欺骗。因此，孙悟空喜欢和他开玩笑，不时地捉弄他。他便和这位大师兄“有些不睦”，经常怂恿师父念紧箍咒。据他自己坦白交代：“前者在白虎岭上，打杀了那白骨夫人，他怪我撺掇师父念‘紧箍儿咒’。我只当是耍子，不想那老和尚当真的念起来，就把他赶逐回去……”（第三十回）真是一派损人不利己的作风。不过实事求是地说，他也为取经做了不少事，有时候也是孙悟空降妖除魔的好帮手，被妖怪捉住之后也并不摇尾乞怜，从未“倒了旗鼓”。而沙和尚憨厚老实，认定了取经的事业，就执著到底，从来不曾有散伙的念头。他本事不高，但肯卖力气干脏活，而且从不与家长顶嘴，和两个师兄也相处愉快。有人曾经总结了《西游记》中沙僧最爱说的8句话：

“大师兄，师父被妖怪抓走了！”

“二师兄，师父被妖怪抓走了！”

“大师兄，二师兄被妖怪抓走了！”

“大师兄，师父和二师兄都被妖怪抓走了！”

“师父放心吧，大师兄会来救我们的。”

“师父，大师兄说的对。”

“大师兄，二师兄说的对。”

“二师兄，大师兄说的对。”

“师父，不能赶大师兄走啊。”

其实，这些高频率的语句，正无意中说明了沙和尚在这个家庭中的“黏合剂”与“报警器”的作用。没有孙悟空固然取不了真经，少了沙和尚却也不行。对这个家庭来说，三个“孩子”一个都不能少。而从他们身上，我们不是也可以看到自己孩子的一些影子吗？

如果从家庭的角度来看四人，我们还会发现，唐僧偏爱猪八戒、沙和尚就很好理解了，这就像做父母的往往会偏爱他们认为比较老实、听话的孩子。

如此性格迥异的四个人构成的一个家庭，在漫长的取经路途中，免不了吵吵闹闹、磕磕碰碰，妖怪想吃唐僧肉，孙悟空要保护唐僧，可唐僧却又认为他在行凶作恶，猪八戒又总是添乱子，沙和尚只能干着急。取经的过程，是一个四人不断磨合、互相妥协的过程。但“一家人不说两家话”，和谐是最终的结果，我们也看到了一个圆满的结局。唐僧成佛，最有个性的孙悟空也成了佛，头上的金箍自动消失，象征着他已经“成人”，不再需要外在的约束，这个“长子”已经能自立门户了。而猪八戒、沙和尚虽成不了佛，但也得到了与自己的功劳相称的荣誉，而这也可以看作是对人的个体差异的一种理解。

所以，我们可以把《西游记》看作一个家庭喜剧，它呈现了家庭人际关系的种种面相。这个家庭在生活中经历了风雨坎坷，经受了无数的挫折考验，但他们仍然团结一致走到了最后，这是一个中国式的家庭。